詹姆士・惠特克 James Whittaker
拿破崙・希爾基金會 The Napoleon Hill Foundation 著
鄧捷文 譯

最新實證版
思考致富
史上最暢銷勵志書

THINK AND GROW RICH THE LEGACY

How the World's Leading Entrepreneurs, Thought Leaders &
Cultural Icons Achieve Success

目次 CONTENTS

推薦序

每天讀《思考致富》，就能擁有想要的一切

包伯．普克特

一九六一年十月二十一日星期六下午，美國體育界的超級經紀人雷伊．史丹福（Ray Stanford）一臉誠懇地看著我說，「你只要每天讀一點，並按照書裡說的做，就能擁有想要的一切。」

我看著他，再看看那本書，我知道他並不是在說笑。雷伊跟我雖然不算太熟，但他知道我並未受過正統教育，只念了短短兩個月的高中；也深知我缺少商場上的實戰經驗，而且我的心態顯然不怎麼好。我知道他對這一切了然於心，但他還是看著我說，「讀這本書，你就能擁有想要的一切。」我心裡唯一的念頭是——**這本書到底有什麼玄機**？

雷伊的口氣十分肯定，我也明白他很認眞。事實上，他確實讓我起心動念想要讀這本書，所以我決定試著每天都讀一點。我說「試著」，是因爲我這一生到目前爲止仍未曾完整讀完任何一本書。我當時二十六歲，顯然迷失了人生方向，不知該往何處去。這就是我接觸

《思考致富》（*Think and Grow Rich*）的契機。

幸好我相信了雷伊說的話，也幸虧從多年前的那天開始，我盡力依循拿破崙・希爾（Napoleon Hill）在經典著作《思考致富》中留下的建議。這本書讓我創立自己的公司，將營運事業拓展至世界各地，也幫我賺進數百萬美元。我現在已經高齡八十三歲了，腳步卻仍然與二十六歲初次打開這本書時一樣穩健，無可撼動！

而且重點是：我每天都會讀《思考致富》——沒有一天例外。每當我想起這本書是拿破崙・希爾留給後世的遺澤時，心裡想的全是：哇，眞是無價之寶！

本書作者詹姆士・惠特克（James Whittaker）成功領會了拿破崙・希爾的所思所想。透過引人入勝的故事，他清晰地刻畫出各項重點與法則；故事的主人翁都在自身處境中將拿破崙・希爾的研究付諸實踐。

你在閱讀本書時可以清楚了解，只要把書中列出的任何一條法則妥善內化至你的個性之中，將使你的效率提升十倍。我建議，讓這些法則成爲你思維與生命的一部分，悉心遵循並觀察你的人生如何改變。我想起雷伊對我說過，**「如果他們能夠成功，你一定也行。」**雖然我當下並不明白，但我相信雷伊對我所抱持的信心，而這也使我得以邁步向前。

研讀書中每條法則與相關的故事與人物，並且如同拿破崙・希爾多年前所說的好好了解這句話——「有一種思想、一股力量流向並貫穿我們每個人的內心。」就像它曾造福全世界無數人一樣，**這股力量也將為你所用**。

善用書中的訊息、建構你的形象並強化你的意念，全心全意專注於你所擁有與期望的一切，拿破崙·希爾的遺澤將透過你、我與本書諸多啓發人心的故事，繼續傳承下去。

（本文作者爲《祕密》作者之一、潛能大師）

引言

《思考致富》的遺澤

拿破崙・希爾的旅程已成爲傳奇。在邁入二十世紀的當口，這名年輕記者接下了訪問當代最成功人士的任務，很快便了解到這項任務將成爲他畢生的事業。他訪問了超過五百位世界上最成就斐然的商業領袖，挖掘出他們巨大財富背後的祕密，同時觀察出這些人身上有哪些特質可供大衆仿效。希爾見過的產業大亨包括發明大王愛迪生、汽車業龍頭亨利・福特，還有鋼鐵巨擘安德魯・卡內基——雖然他來美國時只是身無分文的移民，最後卻累積了史上最龐大的個人財富。

希爾在研究這些傑出人士超過二十五年後，將他的發現以《思考致富》一書出版，書中列出了人稱「成功哲學」的十三條成功法則，立刻掀起一陣風潮。

希爾的最大發現，或許是各產業中的成功人士（無論年齡、種族、教育程度、性別或最初的財務狀態爲何）都有共同之處。只要持之以恆並堅定地遵循這套法則，必定能達成超越自身想像所及的成就。

出版八十年來、熱銷全球超過一億冊，《思考致富》仍持續激勵平凡之人創造不平凡的成就。這本「史上最暢銷的勵志書」影響了世界上各行各業的人，也是啓發無數企業家、思想領袖與文化偶像力爭上游的指南。

本書的許多受訪者表示，持續閱讀希爾的永恆經典爲他們人生旅程中的每一步帶來深刻洞見。當他們首次體驗到書中法則的力量，激發了強烈的好奇心，使他們不僅一再重讀（以《祕密》作者之一包伯．普克特來說，他是五十五年來每日都反覆閱讀），更致贈本書給身邊的親朋好友與同事，使之深受啓發。這些受訪者也都表示，希爾的成功哲學在現在這個時代已變得更加重要。

本書分享了最懇切誠摯的故事，故事主人翁的年齡層介於二十至八十歲之間，來自各行各業。這些人都在最不可能（甚至是最悲慘）的處境下創造自己的成就，在這世上留下功蹟。這些故事旨在啓發與激勵你採取行動，同時提供重要的指引，幫助你規畫屬於自己的成功之路。

只有你能定義自己的「成功」，但必須確保你的定義不局限於龐大的財產或好萊塢巨星般的盛名。對許多人而言，整體方向不外乎**健康的身體**、**正面的人際關係及穩健的財務策略**，進而不僅幫助自己、也能幫助別人與我們所在乎的事業——藉此達成獲得理想人生的終極自由。正如你將在本書中讀到的：有些人樂於讓自己的成就成爲大眾談論的焦點，有些人則在關起門後找到內心最深的滿足。

如今，成功來得比以往更加容易，但你必須認清：**貧窮的意識會自動霸占不具有成功意識的大腦**。若要保持專注，就要調高內在心聲的音量。有了正確的路線圖，便沒有其他事物能夠讓你分心、偏離自我掌握的道路。

繁盛會流向明確制定計畫、為了達成目標而始終如一、堅定不懈的人。在第一章開始之前，想想你希望從**你的**人生中獲得什麼，心中若有清晰的畫面，你就能隨時運用這些法則，帶著目標前進。

本書伴隨著紀錄片《思考致富的遺澤》一同上市，為有史以來最偉大的勵志書增添最新內容，激勵當代大眾邁向成功。運用拿破崙・希爾成功哲學改善生命的人帶來的啓發人心故事，便是對希爾與《思考致富》的最大致敬。在你翻閱書頁之際，或許也會迸發靈感，就此改變世界。

你手中早已掌握創造富足人生所需的一切，而本書將告訴你如何實現。

歡迎閱讀《思考致富・最新實證版》。

破億驗證・成功法則①

渴望

一切成就的起點

想贏，必須擁有一種特質，就是對目標的肯定、
對自身期望的認知，以及對達成的熱切渴望。
——拿破崙・希爾

破億驗證・成功法則①

渴望

渴望是一切成就的起點，對任何想獲得卓越成功的人都不可或缺。繁盛不會流向覺得目標無關緊要的人。一絲微風便能吹熄小火苗，但只要添加充足的燃料，細微的火焰也能夠轉為熊熊烈焰。

不過，多數人對內心最深處的渴望仍舊三心二意。**「人類可以透過改變思想來改變生命」**是這個時代最重要的啟示，代表我們需要對明確的目標抱持熱切的渴望。這份渴望必須強烈到近乎執著的程度，直到實現或獲得目標為止。同時也要了解，這份渴望必須指向讓你美夢成真所不可或缺的想法與日常行為。

我們的內在已經蘊藏著成功所需要的一切——隨著你閱讀本書，這一點將愈來愈明確。若我們能善用自己的能力，並朝著這明確的方向前進，必將獲得豐厚的回報；若我們屈服於怠惰，養成無關緊要的心態，終將因為播下劣質的種子換來貧瘠的收成，而這一切將顯化為貧窮、疾病與不幸。

謹慎留意你的心態，因為它會影響到你放最多注意力的事物。抱持負面思想的人，在生命中遇到負面處境時真的不該抱怨，正如同隨時培養正面思想的人不應在好運降臨時感到愧疚。

現今的世界是歷史上最先進、最緊密連結的社會，巨大的干擾也隨之而來。別任由空洞、虛偽或荒誕的雜音擺布，反而應該調高你內在心聲的音量，堅持夢想，直到實現。「渴望」是希爾的首要法則，若想發揮效果，就必須仰賴毫不懈怠的行動與堅忍不拔的毅力，堅持奮戰到最後一刻。

為什麼許多人寧願接受生命帶來的遭遇，卻不願意花時間編織自己最遠大的夢想、擬訂追求成功的計畫，並每天朝著明確的目標邁步向前？在你翻閱本書每一頁時，別忘了，確保成功不可或缺的心態，就是**幾近執著的渴望**。

不能走，就用飛的

——澳洲滑雪冠軍珍妮・雪普

再次騎上雪梨郊外顛簸的藍山時，珍妮・雪普（Janine Shepherd）感到腿部隱隱作痛。她雙腿顫抖、呼吸急促，但她對勝利的渴望無人能比。在珍妮身後的一小群自行車手早已習慣望著她騎在前方的身影：每當他們迎頭趕上，她便會再加把勁保持領先。

珍妮熱愛爬坡，她騎車的目標就是帶領衆人一路攻頂。在這趟六小時爬坡路程的最後半小時裡，她每踩一圈踏板，肌肉都會因乳酸堆積而痠痛；與多數人不同的是，每次抽痛都更激發她的決心。對珍妮而言，疼痛代表進步，只有當她達成最遠大的目標——成爲澳洲史上首位在冬季奧運贏得金牌的運動員——她才會停下腳步，而她希望今年就能到加拿大的卡加利實現願望。

珍妮咬緊牙關，再度加足馬力。當年懷抱著目標、年僅二十四歲的她——由於頑強的精神與好勝的鬥志而被暱稱爲「機器珍妮」——並不知道生命中的難關正從滑雪場與自行車道之外悄悄逼近。

心不在焉的司機駛著不斷加速的休旅車，撞上這位全世界前景最看好的運動員。散發泥土味的蓊鬱美景、野生尤加利樹的芬芳、一覽無遺的鄉間景觀，轉瞬間消失無蹤。一陣碎骨裂心的撞擊後，珍妮的世界陷入一片黑暗。

強大的求生意志

在這十天中，珍妮發揮了強大的求生意志，遭受重擊的身體陷入癱軟與昏迷，卻仍保有清醒的意識；她進入了以往從未經驗過的精神狀態。她事後回想：「我在肉體層面感受到極大的痛苦，卻在精神層面擺脫了塵世間的煩憂，且毫無痛苦。」

在醫護團隊極力搶救（從不受控的大出血開始著手）的同時，珍妮的親友也被告知必須做好最壞的打算——撞擊太過劇烈，又傷得如此嚴重，連是否能活著送進醫院的機會都微乎其微。不過抵達醫院時，珍妮顫動的雙眼表示她的意識仍然清晰。由於情況依舊相當危急，醫生正研擬對策，至少要讓她的身體外觀回復原貌。

醫療團隊策畫期間，珍妮躺在雪梨亨利王子醫院加護病房，持續與摧殘著她殘破身軀的劇痛搏鬥。她的頸部、六節脊椎骨、五根肋骨與鎖骨骨折，右臂與雙腳也有多處斷裂。因爲撞擊力過於強大，她的頭皮必須縫合再重新貼回顱骨，下背部與臀部也有大量血腫。她大量失血，腰部以下癱瘓；此外，腹部與右腿還有大面積的撕裂傷，傷口中仍布滿碎石。一度身爲澳洲史上女性運動員最大攝氧量紀錄保持人的機器珍妮，如今得咬緊牙關、下定決心，才能戰勝這一切並存活下來。

日子一天天過去，珍妮的病情逐漸穩定。身體竭盡全力康復的過程之中，她躺在一張薄而堅固的床上幫助穩定脊椎，身上插著十幾根輸液管與監測病況的感應器，並藉由嗎啡點滴緩解疼痛，外加一具限制頭部活動的支架。神經外科、整形外科與復健科醫師等醫療專家相繼前來巡房，這也成了住院期間排解無聊與挫折感的唯一管道。

珍妮最後被轉到急性脊椎傷科病房，與另五位患者同處一室。因爲行動不便，這五位病人很少眞正見上一面，但仍然相談甚歡。在如此眞誠的時光內共享同一間房，爲患者帶來從未體驗過的眞誠、豐盛又緊密連結的感受。可是當談話一中止，珍妮唯一能做的便是透過掛在病床上方的小鏡子來眺望世界，祈禱噩夢早日畫下句點。

事與願違，某天珍妮的父母來探病時，其中一位醫生突然來到病床旁，手上拿著不甚樂觀的脊髓X光片。掃描顯示她的背部發生粉碎性骨折，大大小小的骨骼碎片擠壓著她的脊髓。她需要盡快動手術，以減輕脊椎的壓力並清除骨骼碎片，同時進行植骨融合手術，好讓脊柱復原。在如此脆弱的身體部位進行這麼複雜的手術，必然伴隨巨大風險，但如果她還想保有一定的生活品質，手術將無可避免。若不動手術，她就永遠無法再次行走；動了手術，至少還有一線希望。

直到後來，當珍妮細想布隆醫師與父母之間的對話，才突然意識到自己的病情有多麼嚴重。在此之前，這位職業滑雪好手仍滿懷希望，認為只要離開醫院病床，就能恢復成原本擅長運動的自己，甚至按照計畫參加卡加利冬季奧運會。但如果再也不能走路或滑雪了呢？運動員不只是她的身分，更是她的**一切**。

可是，噩夢不但沒有結束，還持續惡化。被悲慘處境吞噬殆盡的珍妮大喊，「拜託，誰來救救我！」一位護理師立刻上前伸出援手。珍妮倒在僵硬的病床上大哭，懇求著解答，「為什麼是我？為什麼會發生這種事？」此時，鎮靜劑逐漸生效。

脊椎手術結束整整十二週後，這位澳洲最優秀的滑雪選手只能無助地躺著，不但無法行動，也不知道手術是否成功。接著，預後報告出爐，醫生解釋：「手術如預期順利，我們已盡可能清除妳脊髓中的骨頭。但這是永久性的損傷，妳的情況就是所謂的半身癱瘓——妳的腰部以下失去知覺，頂多只能恢復一〇%到二〇%的感覺，而且往後都必須使用導尿管；若奇蹟發生，妳就能再次行走，不過還是需要撐腿架跟助行器。妳需要重新思考生命中的一切。」

為什麼不會是我？谷底才是最好的起點

六個月後，父親用輪椅推珍妮出院，意外發生後，她首次感受到陽光照在臉上。她從不曾對陽光如此心懷感激，然而，眼前還有許多事需要調適。回家之後，頻繁襲來的憂鬱打壞了她回歸正常人生的所有計畫，她回憶道：「我想奪門而出，重拾原來的人生，恢復原本健康的身體。」她暴瘦至三十六公斤，過去視為理所當然的簡單工作，如今都成了艱難的任務。珍妮吃力地應付這一切，不但要理解身體發生了什麼事，還要面對心力交瘁的心理掙扎。她朝母親大吼，「我失去了一切，為什麼是我？」

某個特別難受的日子，她將自己推到床沿，接著摔到地上。她擦去淚水，雙手緊握著逕自禱告，祈求著，「上帝，求求祢給我一條路，或指引我方向吧。」

珍妮想起至今**仍然**在脊椎病房住院的朋友瑪麗亞。當時她與珍妮交情甚篤，這個女孩在一場車禍中昏迷，並且在十六歲生日當天甦醒，得知自己已經四肢癱瘓——頭部以下無法動作。這位少女總是很開朗、面帶微笑，從不怨天尤人。

想想自己的處境，這位澳洲滑雪冠軍恍然大悟，這份生命並不屬於自己，而是**屬於生命**；這不是她的痛苦，而是**所有人**的痛苦。這番覺悟為她留下單純的選擇——無論生命有何遭遇，都要繼續為人生中的金牌而奮鬥，或是閉上嘴巴接受命運的安排。珍妮說，「瑪麗亞給了我生命中最珍貴的禮物，那就是接納。」

帶著從灰燼中浮現的一絲頑強韌性，機器珍妮重新定義自己的境遇。她問自己，「爲什麼不會是我？或許谷底才是最好的起點。」

從癱瘓到成為飛行員

「我要報名飛行訓練！」珍妮滿腔熱血地說。接待員盯著她身上的石膏與勉強撐起靠在櫃台上的脆弱身軀，結巴地說，「好……好的，妳能走路嗎？」同時向一旁招手，尋求協助。

「不行。」珍妮回答，「但我覺得既然我不能走路，那就用飛的。」幾分鐘後，珍妮便搭車來到班克斯頓機場的柏油跑道上，被抬進駕駛艙裡，坐在飛行教官安德魯身旁。

「妳想滑行看看嗎？」教官問，「只要用腳控制踏板就好。」

珍妮回答，「我的腿不能動，但我可以用手。」

當引擎轟隆作響，索卡達製的多巴哥教練機（機身上漆著顯眼的紅、藍、白三色）沿著柏油跑道搖晃前進，隨即起飛衝上清澈蔚藍的天空，背景襯托著雪梨如畫般美麗的天際線。眞是驚人的一天。

教官指著遠方的山脈，要珍妮接過駕駛桿往其中一座山峰飛去。「在我緊握操縱裝置的同時，我感覺脊椎病房離我萬里之遙。」她回想，「我當時立刻知道自己會成爲飛行員。」隨著飛機翱翔，飛越鄉間，這位二十四歲少女發現他們的目標是藍山——也就是她這趟非凡旅程的起點。

因初次飛行感到興奮不已的珍妮，找到了加快復建的動力，就像以往的運動員生涯一樣，她開始在鍛鍊日誌上記錄每天的進度。她說，「在心情低落的日子裡，我會翻閱日誌，提醒自己已經進步了多少。」珍妮設下具挑戰性的目標，每次完成後都會驅策自己繼續邁進。在矯正手術與復健訓練之間的空檔，她也盡可能鑽研航空學的各項知識。

終於，在最微乎其微的機率下，珍妮通過了飛行員體檢並獲准飛行，最後取得飛行員執照。她後來興奮地寫下，「巨大的成就感更勝以往我感受過的一切，遠勝過贏得滑雪比賽、登上鐵人三項完賽獎台、成爲奧運參賽者的期盼。這並非我原本的規畫，但這一刻的感受就好像贏得奧運金牌一樣。」

珍妮對嶄新的目標感到雀躍，繼續拓展飛行技術與專業資格。離開脊椎病房十八個月後，珍妮以教官的身分回到飛行學校訓練其他人飛行。

破碎的身體不等於破碎的人

這位原本連生存都希望渺茫的女性，如今成爲勵志演說家巡迴全世界，分享她令人難以置信的故事，帶來充滿希望的核心訊息：破碎的身體不等於破碎的人，藉此提醒大家，**任何時刻的任何決定，都可能改變你的人生**。這位原本得知自己永遠不能再走路或生小孩的女性，儘管仍被歸類爲半身癱瘓患者，現在卻能獨自行動，並成爲育有三名子女的自豪母親。意外發生的八年後，她推翻了醫學建言，再次從事越野滑雪。

「當別人告訴我辦不到某些事情時，我就是聽不進去。」珍妮堅定地說。即便她的雙腳沒有任何感覺，對於飛行的熱愛仍舊讓她獲得商業飛行員執照，成爲訓練有素的特技飛行教官，也是澳洲民航安全局的首位女性理事。

珍妮除了衆多傑出成就，也撰寫了五本書、完成大學學位、在二〇〇〇年傷殘奧運擔任聖火傳遞者，並因爲對於社區的服務、帶給大衆的啓發及對於脊柱研究的呼籲，獲頒澳洲最高公民殊榮——澳大利亞勳章。她的TEDx演講「破碎的身體不代表破碎的人」（A Broken Body Isn't a Broken Person）已高達數百萬瀏覽人次。

在重視形象的數位時代，珍妮．雪普分享了她的訊息，表示人的精神遠比任何身體形象更加重要：「有件事我相當肯定：我的身體並非我的全部，你也一樣。」

從沉迷毒品到精通銷售

——房地產大亨葛蘭特・卡爾登

在美國路易斯安那州的查爾斯湖，葛蘭特・卡爾登（Grant Cardone）與蓋瑞・卡爾登這對雙胞胎兄弟正要去雜貨店，一路上蹦蹦跳跳，玩笑嘻鬧。兩兄弟的父親柯提斯給每人二・五美分去買想要的東西，而二・五美分可以買很多泡泡糖。

葛蘭特捨不得放下手中的銀幣，沿街奔跑，隨手把玩。哎呀，腳下絆了一步！二・五美分從他手中飛出，掉進附近的人孔蓋格柵。年僅八歲的孩子使盡全力伸長小胳膊，卻永遠撿不回那二・五美分了。

葛蘭特哭著跑回家告訴父親剛剛發生的事，這位父親厲聲斥責，「錢不是拿來玩的，你要記取教訓，永遠不要玩錢！」當天稍晚，祖父東尼把葛蘭特拉到一旁說了兩句，「真正的祕訣就是，無論到哪裡都不要只帶一枚二・五美分硬幣。」

頓失家中經濟支柱

一年半後，葛蘭特的父親因多年的心臟病問題發作辭世，享年五十二歲。「從那天起，我們不得不學習關於錢的知識。」葛蘭特回想，「但更可怕的是，我們沒法讓父親起死回生。」

父親的死對於葛蘭特全家是巨大的打擊，葛蘭特的母親康雀塔扛起養家餬口與照顧五個孩子的責任。她繼承了一小筆錢，卻無法賺進更多錢，必須勒緊褲帶，盡可能妥善運用家中資金。

不久，祖父東尼也過世了，葛蘭特面臨家中失去兩大男性支柱的打擊。然而，每當他抱怨家中處境，母親都要他感激擁有的一切，不要對自己缺乏的事物感到怨恨。葛蘭特不知道該怎麼幫助母親度過這艱難時期，「我當時才十歲，我叔叔總是說，『好好照顧你媽。』但我辦不到。我哥哥老是說，『成熟一點。』姊姊也不斷告訴我，『別再哭了。』我一直在等待某個大男人走進來告訴我該怎麼做、該如何改善這一切。」儘管母親用盡心力灌輸感恩的心態，葛蘭特還是因為家中的變故與錙銖必較的生活而感到沮喪。他在美國中產階級的家庭中長大，卻恨透了這段時間的每一刻。

憤世嫉俗，染上毒癮

進入青少年時期後，葛蘭特變得更加憤世嫉俗——學校無聊透頂、家中其他人總是找自己的碴，他的自尊也不斷受挫。當他哥哥過世時，未來變得一片茫然；到了十五歲，卻因損友染上毒品。他回想，「我知道這是錯的，但我恨透了自己。」接下來的十年，他幾乎每天都毒不離身。

之後葛蘭特進入大學就讀，因爲他認爲中產階級的孩子都這麼做。他雖然懷著某天能發大財的朦朧志向，但還缺少實現目標的計畫，於是決定要念會計。然而，他對念書與人生一直感到無趣又忿忿不平，因此也不斷陷入自我毀滅的循環。他成天混不良幫派、酗酒，對手邊能取得的毒品來者不拒——「絕望至極」是他對自己當時生活的描述。

儘管出人意料，葛蘭特還是從大學畢業了，取得了並不想賴以維生的會計學位，與家人的關係卻日益緊張，還揹了四萬美元的學生貸款。他回想，「更糟的是，我沒有能力、沒有自尊，也沒有方向。」

葛蘭特的毒癮仍舊持續，並在汽車經銷商找了份工作來維持他毀滅性的生活。就如同十幾歲的葛蘭特在父親去世後嘗試照顧母親卻徒勞無功，康雀塔也在兒子有需要時試圖呵護他，卻同樣未能如願。她竭盡所能避免他因錯誤的選擇而送命，但八年來持續不斷的吸毒與不良行為，就連母親的耐心也受到挑戰。葛蘭特有次被打到差點進了鬼門關，送到醫院時已失去意識，頭部與臉部總共縫了七十六針；即便如此，也絲毫無法阻止這位二十三歲青年繼續沉淪。

勒戒人生

兩年後，葛蘭特已承受長達十年的悲慘人生，與家人的關係終於到達臨界點。「夠了！」母親朝他大吼，「這個家不歡迎你，不准你再踏進家門一步。」葛蘭特徹底跌落人生谷底，這才走進勒戒中心。

儘管葛蘭特犯了法，仍舊設法保住了汽車經銷商的工作，且雇主的保險可以支付濫用藥物治療中心二十八天的費用。他在這裡首次連續兩天都沒有喝酒，接著延長到四天，再來是六天。儘管他在治療中心時並非一帆風順，仍然讓這位二十五歲的青年了解到自己並不是**非吸毒不可**。

三週後，隨著葛蘭特的情緒開始穩定，工作人員表示他需要繼續服用另一種藥物——四級麻醉藥苯巴比妥，以幫助他維持戒除毒癮的新生活。但這與葛蘭特的信念背道而馳，他已重新找回青少年時期的目標，想要寫書、擁有私人飛機與成功的人生，但工作人員卻建議：

「你不能有任何好高騖遠的想法。你得放棄這些念頭，否則又會開始吸毒。」

跌得多重，就能爬得多高

勒戒的日子也使他意識到最初吸毒的唯一原因，只是因為他當時是個對一切感到無趣、憤世嫉俗又自尊低落的十五歲少年——儘管這是趟漫長的旅程，但他只是在人生中稍微繞了遠路。他堅信若能去除讓自己走偏的因素，就必定能恢復正常，也覺得為自己貼上終生毒癮者（意味著患有不治之症）的標籤並不公平，且適得其反。

「如果我在路上拐錯了彎，並不代表我不能回頭。」葛蘭特捍衛自己。但治療中心的工作人員並不認同，還預期他即將毀滅。他們說，「你永遠都辦不到。」但葛蘭特並不需要這些意見。他十年來頭一次連續二十八天都潔身自愛地保持清醒，他相信如果自己可以跌得這麼低，一定也能爬得這麼高。

他相信答案就在自己身上，而不是在藥罐子裡，他的首要任務是把苯巴比妥藥錠全部扔掉。接著，他把焦點放在對成功的追求，再以狂熱的步調將容易上癮、強迫與執著的性格發揮得淋漓盡致。他捨棄了過去生命中毫無希望的過客，致力於置身成功人士所組成的人際網絡。

與生俱來的銷售本能

很幸運地，汽車經銷商的工作仍然等著葛蘭特——這是天大的好運，因爲沒有其他人願意雇用他。他埋首工作之中，卻苦於微薄的佣金和缺乏銷售門路，不免大吐苦水，「天啊，我**恨透**了這種遊戲！」幸好，他的同事雷伊爲他扭轉了這番局面。

雷伊說，「你討厭推銷的唯一原因，就是因爲你不擅長推銷。我有個玩意兒也許幫得上忙。」雷伊借了他一捲知名銷售訓練家所錄製的錄音帶，裡頭提供按部就班的劇本，從見到客人的第一面一直演練到推銷結束。葛蘭特立刻著了迷，並致電產品公司是否還提供其他課程，最後投資了三千美元買下一套共十二捲錄影帶的訓練課程。

不管生活中發生什麼事，他每天都會花一小時觀看並練習課程中的銷售技巧。三十天內，他的銷售管道翻了一倍。「我確實開始享受推銷遊戲的樂趣了。」葛蘭特向雷伊自誇，並比以往任何時刻都還要堅定。在九個月內，他在同產業銷售員中已經排名前一％。他將最大的阻力化爲最大的助力，更棒的是找到了巨大的熱情，不斷向前邁進，只爲了唯一的目標——精通銷售的藝術。

葛蘭特二十九歲那年，覺得汽車經銷商的工作環境變得不太健康，決定創業，到開放市場上試試拳腳。辭去工作當天，他展開了野心勃勃的計畫：到美國各地教授高檔汽車經銷商如何推銷。他列出目標企業清單，接著帶著一句話親自一一上門拜訪：「嗨，我叫葛蘭特．卡爾登，請你給我三分鐘。」他會在這三分鐘內簡短表現自己的銷售策略，顯示他的服務如何換來可觀的收入——以誠信爲本——藉此恢復汽車產業的名聲。

「這是我所做過最困難的事。」葛蘭特談到挨家挨戶敲門的日子，「如果你能做好這件事，就沒有任何事難得倒你。」在雙方會面畫下句點時，他會要求對方拿出支票，讓公司派人參加他主辦的活動。隨著他提供的獲利效益提高，他所要求的費用也水漲船高。

他的銷售專業加上極高的職業道德使客戶群迅速成長，這全都源於一個簡單的公式：**找到高價值的受眾、開發他們感興趣的產品或服務，並展示價值**。葛蘭特耗盡積蓄，專注於讓新創事業成功，他仰賴的不是商業貸款，而是**本能**。他每天拜訪多達四十家公司，也經常到陌生城市闖蕩。三年後，他的收入終於證明自己做出了正確的決定：他的新事業非常成功。葛蘭特不再沉迷毒品，而是著迷於學習如何銷售、推廣與行銷，這正是典型企業家所該負起的責任。接下來的幾年，他每年都舉辦超過兩百場研討會，在銷售界的聲譽也日漸響亮。

屢試必中的筆記本圓夢術

爲了不斷向前看，葛蘭特會在隨身筆記本上寫下最天馬行空的夢想，只要抓住良機，夢想便會成眞，就好像早已擺在眼前一樣。在決定投身房地產市場後，他在眞正擁有一棟公寓之前就提筆寫下，「我擁有超過二十棟公寓。」不久，在前往加州拉霍亞出差的旅途中，這位三十五歲年輕人站在沙灘上欣賞海岸線美景，並在筆記本寫下新的夢想：「我定居在加州拉霍亞的美麗海景旁。」兩年後，他就在距離當天所站的十五公尺範圍內買下了夢想中的家園。再過幾年，他將爲自己在全加州坐擁超過五百棟公寓大樓而自豪。

就普世觀點而言，葛蘭特不斷實現夢想，但這位銷售專家仍覺得少些了什麼——他感到寂寞。他再次翻開筆記本，寫下自己想要美麗的妻子與兩個孩子。某天，他在洛杉磯遇見了夢中的女神艾蓮娜，不過花了一年才讓她同意一同出遊。又過了一年，兩人已結爲夫婦。葛蘭特說，「艾蓮娜是很棒的伴侶，我由衷希望其他人也能與如此支持自己的對象結爲連理。」

不斷成長與超越自我

現在無論葛蘭特．卡爾登到哪裡，身上都不會只有二．五美分硬幣。他已是五家私人企業的執行長，年營收超過一億美元；同時也職掌美國最大的私人房地產帝國，擁有超過四千棟公寓大樓，每年帶來數百萬美元的收益。葛蘭特著有七本暢銷書，也在他成立的卡爾登學院（Cardone University）開設教育學程，同時是全球炙手可熱的勵志演說家。

然而他所傳承的精神，在於鼓勵人們思考比實際情況更爲宏觀的事物，更重要的是，要理解自己準備爲了達到目標而做出哪些犧牲。「爲了你的目標思考與成長」是葛蘭特的信念，「從二十五歲開始，我每天都這麼做。」這位以大格局思維聞名的地產大亨，揹負著爲七十億人的生命帶來正面影響的使命，期望造福地球上每一個人。

葛蘭特目前跟艾蓮娜與兩個孩子住在佛羅里達的邁阿密，一家人爲了共同目標朝著相同方向邁進。他仰賴內心的力量與對成功的熾熱渴望，信守諾言，已長達三十四年未曾接觸任何毒品。

破億驗證・成功法則 ②

信心

將渴望視覺化，並相信它會實現

信心是失敗唯一的已知解藥。

——拿破崙・希爾

破億驗證・成功法則②

信心

你的想法與你所採取的相應行動，決定了你有多成功。你知道你可以將渴望轉化為實際的力量——也就是信心法則（即確信你將能達成目標），這個法則被用來消除限制，能讓人克服一時間看似無可挽回的逆境。

大多數人都因缺乏自信而削弱了實踐信念的能力；然而，信心可以透過持續的努力和專注來重建，最有效的方法便是不斷書寫、熟記與複述正向肯定句。一旦掌握訣竅，信心就會成為我們最強大也最有效的情緒；若無法精通此道，就好像盯著冰冷爐灶上的水壺，卻納悶著為何遲遲沒有沸騰。

貧窮和財富都是思想的產物。為了守護夢想，你的責任就是置身於與你的目標相匹配的想法與人群中，並遠離對你的目標嗤之以鼻或令你耗損心神的虛偽之人。負面的人會像老鼠一樣啃食你的雄心壯志；保持警戒之餘，也不要降低格調與他們一般見識。負面心態永遠不會帶來正面結果，你必須先將心力放在消除自己的負面想法。隨著正面心態逐漸增長，他人將開始感激你對他們的信心，並無條件地支持你。

在你朝著明確的目標努力時，請滿懷自信、大聲複誦你的意圖，讓自己覺得已經達成渴盼的目標。這種做法能訓練你的潛意識，了解無論你在前進過程中遭遇何種阻礙，你的信念都足以克服萬難。唯有透過如此反覆練習，你才能說服潛意識相信自己必定能實現願望。

缺乏信心會引發恐懼，這種危險情緒將造成錯誤的決定與不合理的行為。在最糟的情況下，甚至會產生慣性逃避，而這將無可避免地延長失敗。你將在閱讀本書時體會到：對目標投注資源，加上一定會實現的信念，唯有兩者結合才能夠迎來成功。

專爲盲胞服務的電視網

——注定失明的舉重運動員吉姆・史都瓦

「吉姆，我們找不到原因，也不知道何時會發生，只知道你總有一天會雙眼全盲，而且我們無能爲力。」

吉姆・史都瓦（Jim Stovall）望著一位又一位醫師的臉，眼前三位醫師都沉重地搖頭。他的心情沉到谷底。那天，這位十七歲少年得知自己要面對殘酷的現實——他鍾愛的人生即將永遠變調。

年輕的吉姆在好幾種運動的表現都前景看好，一直夢想能到橄欖球界著名的達拉斯牛仔隊擔任進攻截鋒。身高一九三公分、體重一一八公斤的他認爲自己符合所有標準。

然而，他在高中足球隊的一次例行體檢中出現異常。診斷結果宣告他不適合繼續踢球，爲了找出問題根源，他花了十一個月來往於診所與醫院接受檢查。

醫師解釋，因爲視力衰退，吉姆不能再從事熱愛的運動。起初他極度否定，假裝沒聽見這個消息。但正如醫師所預期，吉姆的視力不久後便逐漸消失。

黑暗中的徵兆

自有印象以來，吉姆每週都會跟家人一起上教堂做禮拜。某個週日早晨，他起床時感到既沮喪又絕望。他跪在床邊深呼吸，閉上雙眼念出這段話，「上帝啊，假如祢眞的存在，就在今天結束前賜給我徵兆，給我活下去的動力吧。」他暫停片刻，讓這祈求確實傳達出去。

他的家鄉在奧克拉荷馬州的塔爾薩，鎮上當天稍晚舉辦了州內熱門的社區集會活動。吉姆單獨前往，欣賞了奧運選手所參與的展覽會，選手分別來自不同領域，包括體操、跑步與舉重。他對體操選手與跑者十分讚賞，而第三種項目舉重，讓他覺得以自己的體格而言或許值得一試。這給了他一線希望，也許他的運動生涯還沒結束。

吉姆離開展覽會大廳，漫步至運動場，只見這兒掛著免費音樂會的大型招牌。他走進空蕩蕩的場子，在第一排坐下，想起自己即將失明，又再次禱告，隨後想到自己將過著多麼孤單的人生而哭了起來。同時，他身後的運動場開始坐滿觀衆。最後，某個聲音響起：「各位先生女士，讓我們歡迎雷・查爾斯（Ray Charles）上台！」這位享譽盛名的盲人音樂家就站在他前方僅僅三十六公尺處。看見這位視力受損之人博得觀衆滿堂彩，爲吉姆帶來了更大的希望，或許自己的人生還潛藏著其他可能。

可以，你辦得到

再度樂觀起來的吉姆，在高中畢業後選擇上大學。某天他注意到馬路對面有一所盲人兒童學校，一時興起拜訪，詢問能否以老師的身分提供協助。服務員回答，「如果你是認眞的，可以爲其中一位孩子提供一對一教學，你可以輔導他，也可以隨時離開。」

「我該教他什麼呢？」吉姆問道。

「這孩子叫作克里斯多福，今年四歲、雙眼全盲，而且有多種身體障礙。他一直沒辦法學習、成長或是有任何進展，只會原地踏步。我們希望你能讓他保持安靜並乖乖待在一旁，才不會影響其他孩子。」

服務員還給了他兩個提示：首先，把這小男孩的鞋帶綁緊，他才不會跌倒受傷；還有，別讓他靠近樓梯。

第一天，吉姆發現克里斯多福顯然比同年齡的孩子矮小，這讓吉姆更想要幫他一把。他說，「孩子，在我離開這裡之前——無論要花幾天、幾週或幾個月——你至少要學會綁鞋帶跟爬樓梯。」

「不行，我辦不到。」克里斯多福回答。

「可以，你辦得到。」

這樣的對話不斷上演，兩人都不願讓步。

吉姆每天下午下課後會來到盲人學校，協助克里斯多福學習綁鞋帶與爬樓梯。

全盲之前看見他學會綁鞋帶

幾個月後，他害怕的日子即將來臨。吉姆醒來時發現視力在一夜間大幅衰退，就連要四處走走都變得格外困難，且幾乎無法分辨課本上的字。

吉姆小心翼翼地走到盲人學校，並表示今天是他服務的最後一天。「我不得不休學，也不能再當志工了。」他說，「我辦不到。」

吉姆並不知道克里斯多福今天比平常早到，已經坐在辦公室外頭，而且聽見了這整段對話。

吉姆轉過身看見小男孩，告訴他自己要離開了，也祝福他未來一切順利。「我必須要休學，而且也不能再當志工了。」他重複了一次，「我辦不到。」

「可以，你辦得到。」克里斯多福說。

「不行，我辦不到。」吉姆回答。

「可以，你可以。」

「不行，我不行。」

最後，吉姆試圖解釋爲何自己的情況不同——但他並未提到，當他拒絕接受這幾個月來對克里斯多福所說的話時，覺得自己就像個騙子。他在心裡對自己說，「要麼停止對這孩子撒謊，要麼改變你的人生。」

此時，吉姆思考了兩人的處境，接著開口，「你知道嗎？你說得對，無論是人生或事業，總有些事值得你使盡全力，即便像是綁鞋帶、爬樓梯或念大學這些小事也一樣。」他看著克里斯多福說，「你就繼續努力吧，我答應每天都會回來幫你。」

三年後，吉姆帶著雙學位從大學畢業——心理學與生理學榮譽學士。就在那個星期，他用僅存的視力看著克里斯多福爬了三階樓梯，並且坐在最後一階樓梯上綁好雙腳的鞋帶。這是他雙眼看見的最後一件事，也是他所獲得最深刻的體悟。吉姆．史都瓦擦去眼中的淚水，他明白了：「無論你的夢想是什麼，答案永遠都是，**『可以，你辦得到。』**」

冥冥中的協助

吉姆的大學同學全都在校園的企業外展活動中找到工作，但他找不到公司願意雇用志氣高昂、卻注定雙目失明的舉重運動員。他回到家，告訴父親他想創業——假如沒人願意雇用他，那他就開公司雇用自己。「你明天回來一趟，我有東西要給你。」父親回答。雖然他們遠稱不上富裕人家，但吉姆仍以爲父親要提供資金贊助他創業。

他們如期碰面。父親要吉姆坐下，說道，「我有兩樣東西要給你。首先，我想讓你了解一件事，那就是無論你在這一生中獲得了什麼，全都是靠你自己賺來的，因爲我一毛錢也不會給你。」

「好，那另一樣東西是什麼？」吉姆回答，盼望能拿到一點實質幫助。

父親說，「如果你想做生意，我幫不上忙，因爲我從來沒做過生意。但我認識一位傑出人士，年紀很大了，而他很好心，願意爲你指點一二。他叫李伊·布拉克斯頓（Lee Braxton）。」

吉姆來到這位年邁男士家中，得知李伊雖然只有小學畢業，卻能在經濟大蕭條（史上最大的經濟衰退）時賺進一千萬美元，此後還幾乎把所有財產捐了出去。

李伊問他，「你能閱讀嗎？」

「可以，但是非常吃力。」

「好極了。」李伊回答，同時將一本《思考致富》的複印本遞到吉姆手中，「好好讀，讀完再回來找我。」

吉姆一週後再度上門，李伊測驗他學了多少。

「還不夠，下週等你確實讀懂了再回來。」

隔了一週，吉姆又來到李伊家中，並成功表現出他從書中讀到的知識。他們持續頻繁見面，利用希爾的書作爲對話框架。吉姆許久後才發現，他的導師曾經是拿破崙・希爾的摯友，還曾在希爾的葬禮上致悼詞。

兩人的晤談讓吉姆了解，儘管他必然會失明，但他能掌握的唯一事物就是他的思想。如果他能掌控自己的想法，必然能過著他所選擇的生活。

最後，他們特別談到一句話：**每次失敗都會帶來具有同等優勢的種子**。

「當我完全失去視力，代表我在某件事物上獲得極大的優勢。」他對自己的導師說。

李伊回答，「你說得對，但前提是你能找到明確又實際的方法，才能將失明轉化爲同樣豐碩的資產。」

為盲胞服務的偉大使命

吉姆懷抱全新的靈感，參加盲人與視力障礙者的互助團體小組。雖然有些日子會感到孤獨，但他意識到自己並不孤單，也發現美國有超過一千三百萬人與他受到同樣的折磨，更別說全世界有好幾億人面對相同的處境。

某天下午吉姆枯坐家中，把一部電影放進影片播放器。縱使他什麼也看不見，還是能根據對話與幾年前看過的回憶粗略拼湊起劇情。在某個場景中，耳邊傳來一陣槍響與汽車噪音，但失去視力的他無法得知哪個角色被槍殺，也無法依循原先的情節推進。這讓他的觀看體驗嚴重受挫，他嘀咕著，「總有人要想個辦法。」

在下次的互助會上，他與盲友凱希．哈伯（Kathy Harper）分享這個體驗。他提到無法再看電影或電視節目所帶來的悲傷：「如果有人能在對話中間加入旁白描述劇情，就能讓盲胞也充分沉浸在娛樂世界裡。」

「我們什麼時候開始？」凱希回答。

「開始什麼？什麼我們？妳在說什麼!?」

「噢……我以爲你眞的想爲這件事出點力。」她說，「我不知道你只是說說而已。」

幾個月後，他們開始認眞籌畫。兩人揹負著使命，盡力學習製作電影與電視節目所需要的技術、會見電視聯播網的代表人，並開發出一套播送系統。一九九八年，他們成立了敘事電視網（NTN）。

在十八個月內，敘事電視網因爲在影片、電視與教育節目製作上爲視力障礙者所做出的開創性貢獻，獲頒艾美獎。

那孩童的殞落改變了他的一生

吉姆開始受邀演講，與全世界分享充滿希望的訊息。在一次巡迴演說時，演說夥伴丹尼斯・韋特利博士（Dr. Denis Waitley）與羅伯特・舒勒博士（Dr. Robert Schuller）問他怎麼不出書談談自己的體驗。隔年，他便出版了第一本著作《別等到盲了才看見一切》（*You Don't Have to Be Blind to See*）。

時至今日，吉姆已經寫了三十五本書，包括國際暢銷小說《超級禮物》（*The Ultimate Gift*），此書於二〇〇六年由二〇世紀福斯影業拍成電影。他曾經追尋成爲舉重選手的運動員之夢、兩度奪得全國冠軍並獲得一九八〇年奧運選手資格。他在二〇〇〇年獲選年度人道主義代表，同樣獲此殊榮的還有美國前總統卡特、美國前第一夫人南西・雷根及德蕾莎修女。

克里斯多福七歲時去世了——就在他學會綁鞋帶與爬樓梯的那年。吉姆從未忘記這名孩童如何爲他的人生帶來啓發。他與克里斯多福的家人一直保持聯繫，更與全球聽衆分享自己改變一生的卓越故事，藉此重溫往事。爲敘事電視網的成功扮演關鍵角色的凱希．哈伯也於二〇〇三年辭世。

吉姆目前仍然住在塔爾薩，持續擔任敘事電視網董事長，旗下在全世界已擁有超過一千兩百間廣播與有線播放相關單位。除此之外，吉姆也想幫助大家了解，想讓內心的遠大夢想成眞，就必須先具備實現夢想的能力。

《思考致富》女性實踐版

——「富爸爸」品牌共同創辦人莎朗．萊希特

•••

「莎朗，妳今天爲別人的生命賦予價值了嗎？」比爾問女兒。年僅六歲的小女孩點點頭。他在熄燈的同時說道，「好女孩，明早見。」

比爾與妻子席瑪對頻繁搬家的生活已經習以爲常。女兒莎朗與汪達出生時，他們一家還住在加州；但比爾不久後中止了在美國海軍長達二十三年的服役生涯，隨後便舉家搬到伊利諾州，接著又搬到佛羅里達州。

雖然夫婦倆對於終生學習與造福他人的生活抱持相同的熱情，但兩人從未上過大學。一路自學的他們，企盼兩名女兒有朝一日都能接受大學教育。莎朗與汪達從小接受灌輸，認爲無論什麼事情，只要下定決心一定辦得到，完全不受女性揹負的刻板印象所限制。

懷著強烈的職業道德與助人的渴望，再加上父母的支持，莎朗．萊希特（Sharon Lechter）成功考上大學，取得會計學學位；接著搬到亞特蘭大，進入永道會計師事務所

（Coopers & Lybrand）工作，成爲美國東南部八大會計師事務的第四位女性雇員。

錯誤的創業，甜美的婚姻

不久，莎朗取得註冊會計師認證（CPA），但很快就發覺，與其爲別人打工，不如自立門戶獨享收益，還能享有選擇工作內容的自由。因此，二十六歲的她離開了會計崗位，立即獲得前客戶提供的好機會，初嘗創業滋味。

爲了評估這一步是否適合自己，莎朗坐在床上列出相關利弊，評估得失。這是個艱難的選擇，但她本能地在便條紙上寫下，「有何不可？」這個問題又更難回答了，她終於決定著手創業。

這個機會表面上看起來很有遠景，但其中牽扯複雜。莎朗與合夥人希望善用兩人在會計與財務管理方面的專業知識，再透過新的技術來扭轉他們投資的事業，使其恢復盈利。「活到二十六歲，我以爲自己已經全盤摸透。」莎朗回想，「直到陷入困境，我才意識到自己多麼天眞。」

僅僅幾個月，她就發現公司內部存在諸多不當與腐敗。她的名聲危在旦夕，又害怕會失去辛苦得來的CPA證書，她請了一週的假自我反省。當她回到公司，律師正在整理文件，盡可能蒐集所能找到與公司及營運相關的證據。然而，麥可・萊希特（Michael Lechter）這位西裝筆挺、正在搜索辦公室的律師爲她帶來一線生機。儘管兩人當時的處境天差地遠，仍情難自禁地墜入愛河，並在九個月後結婚。莎朗一生中最糟糕的商業決策卻催生出最甜美的果實。夫妻倆很快就有了小孩。

洞悉財富的祕密

一九八七年，莎朗認識了享譽盛名的音樂家暨知名新創家澤布・畢林斯（Zeb Billings）。澤布延攬莎朗協助他的事業「畢林斯視聽公司」（Billings Sight & Sound），一同開創革命性的兒童媒體：在書本與桌遊中加入包含音效晶片的塑膠片。孩童在讀童謠時，只要在印刷頁面上按一下圖片，就能聽見音樂的伴奏或人物說話的聲音。莎朗從自己與小孩身上學到，這種新型態能讓書本與遊戲變得更有趣，也更具吸引力。

儘管如此，他們還是擔心消費者會排斥新科技，因此決定取得大公司授權，與世界最著名的品牌共同研發，從迪士尼到華納兄弟都是合作對象。澤布稍後表示，「我們推出的第一本芝麻街叢書賣出超過一百萬本。」取得之後銷售額急遽上升，並在第四年達到兩千三百萬美元。隔年，他們將公司出售，這年的銷售額預計大幅成長至五千兩百萬美元。這次方案極爲成功，但透過全球品牌推波助瀾的經驗也讓莎朗明白，成爲收取權利金或授權金的角色才更加有利可圖。

孩子的卡債，母親的天命

一九九二年十二月，莎朗一家搬到亞利桑那州，長子只念了三個月大學就返家，難以啓齒地坦承累積了大筆卡債——總共刷了兩千五百美元，還另外花掉了兩千五百美元的積蓄。莎朗回想，「我對這孩子生氣，但對自己更抓狂，因爲我認爲在使用金錢這方面應該有把他教得更好才對。」莎朗在大約相同年紀時早已經濟獨立，並身兼多職存下了兩萬兩千美元。

由於想了解孩子與自己爲何有如此落差，她深入研究，發現主要問題在於無良的信用卡公司對學生設下陷阱。他們採取游擊式行銷：在大學校園內設置攤位、透過免費披薩與服飾吸引注意力，再打著「免費現金」的口號誘使學生簽下高利率信用卡合約。透過更多研究，莎朗發覺全國各地的大學都存在相同問題。那一刻起，這位三十八歲的女士便致力於成爲財金知識教育工作者。

遇見富爸爸，翻轉人生

幾年後，莎朗的丈夫致電給她介紹一位新客戶——羅伯特．清崎（Robert Kiyosaki）。他想販售一款能讓全家同樂、名叫「金流」（Cashflow）的有趣桌遊，藉此增進孩童的金融知識。莎朗很喜歡這個概念，而她在個人財務與家庭產品的背景，代表她有能力為客戶提供專業，所以他們以平等合夥人的身分共同投入這項新創事業。

在莎朗與清崎準備將桌遊商業化的同時，為了有充分的理由提高售價，他們開始為伴隨遊戲一同發售的手冊激盪各種點子。兩人一同編寫手冊，但最終成品的內容卻遠比遊戲手冊談得更加廣泛——更像是一本書，他們命名為《富爸爸，窮爸爸》。根據親友的迴響，顯然「富爸爸」是比「金流」更強而有力的品牌，因此兩人重新修訂策略，並且讓產品正式上市。

這本書與遊戲都獲得長足的成功，引起廣大父母的共鳴，因為家長迫切需要資源來避免孩子做出錯誤的財務決策，並且幫助孩子掌握自己的人生。莎朗與清崎在十年間將「富爸爸」公司打造成巨大的品牌，共同撰寫了十五本書，更翻譯成五十一種語言、在一百個國家賣出超過兩千七百萬本。來自全世界的個人與企業不斷聯絡這兩位創始人，迫不及待想獲得這個名字的授權。不同於過去與澤布共事時洽談取得授權的立場，這次終於換莎朗扮演授權者的角色。

從總統的財金顧問，到《思考致富女性版》

二〇〇七年，在取得更超乎想像的成功後，「富爸爸」的兩位創始人對未來的遠景出現分歧，莎朗做出了艱難的決擇，決定離開——完全不知道接下來該怎麼做。此時，她將學習到迄今最深刻的一課。「我決定爲自己做正確的事，即使這意味著我要爲生命中的一大篇章畫下句點。然而堅信接下來還有同樣精采的篇章，才是最重要的步驟。」幾個月後，莎朗接到總統喬治．布希辦公室的電話，邀請她加入總統財金知識顧問委員會。

同年，拿破崙．希爾基金會的執行董事唐．葛林（Don Green）來電詢問是否對他們正在進行的某些企畫感興趣。二〇〇九年，她以拿破崙．希爾著作中的核心原則「永不放棄」爲基礎，成爲暢銷書籍《黃金三呎之遙》（*Three Feet from Gold*）的共同作者。

書籍上市當月，唐再次聯絡莎朗，告知她有份希爾的手稿已經在手邊好一陣子。「一九三八年，希爾寫下《與魔鬼對話》（*Outwitting the Devil*），告訴讀者如何以智慧克服自我毀滅的負面思想與恐懼。」唐說，「但這本書從未出版，一部分原因在於希爾的妻子對書名存有疑慮，也擔心書中內容使人感到沮喪。妳想先看過之後再告訴我有什麼想法嗎？」莎朗在一天內將全書讀完，隨後回電給唐，表示必須將書中資訊傳達給大衆，而且自己將以身爲計畫的一員感到光榮。二〇一一年，拿破崙·希爾基金會首次將《與魔鬼對話》公諸於世，全書由莎朗做註。二〇一四年，《思考致富女性版》（*Think and Grow Rich for Women*）出版上市，書中提供幫助女性克服逆境並把握良機的實際建議。

孩子金錢教育代言人

今天，莎朗·萊希特持續投身財金教育運動。她的努力促使亞利桑那州修法，規定高中生畢業前必須修習一門個人理財課程。由於教育制度是各州自訂，莎朗正持續爲其他四十九州努力。

除了著有二十二本書，莎朗也與聯邦政府合作，爲個人理財推動大幅改革，包括二〇〇九年經美國國會通過並由時任總統歐巴馬簽署的「信用卡責任義務披露法」（Credit Card Accountability Responsibility and Disclosure Act），禁止信用卡公司在大學校園招攬學生客群。對於自己的卓越成就，莎朗表示，「保持信念，你永遠不知道哪通電話會改變你的人生！」

萊希特夫婦已結婚三十七年，並運用手邊所有資源爲年輕一輩提供成功所需的工具。每天晚上，莎朗仍然會問自己今天是否也爲其他人的生命增添了價值。

破億驗證・成功法則③

自我暗示

影響潛意識的媒介

思想沒有局限，除非我們畫地自限。

——拿破崙・希爾

破億驗證・成功法則③

自我暗示

一旦你了解並能運用思想的力量，就能發揮真正無限的力量。你可以依照自己的想法改變遊戲規則，不僅能掌握現在，更能掌控未來與過去。冷漠的心態無法啓動潛意識，因此，任何目標都必須包裝成熱烈的渴望，再透過「信心」這種情緒傳送到我們的潛意識，才能夠如願實現。自我暗示是意識與潛意識之間的媒介，透過正確的刺激，就能加以操控。

人對所能想到的事物擁有最終控制權。我們透過五感來體驗生命、在意識中產生思想，隨後可以拒絕或接受這些思想進入潛意識。但是絕大多數人未能發揮這種控制能力，終其一生都不曾過濾內心所產生的想法——這將成為最神聖的資產。然而，少數會篩選想法的人，著實體驗到遠超乎想像所能及的繁盛。

光是將渴望形象化——無論是滿出來的銀行存款、成功的事業或甜蜜的婚姻——並不夠，還必須清楚陳述你想要的事物，就如同已經擁有那樣，細細品味各種由此而生的情緒，並概略描述你願意為了實現渴望而做出哪些事（付出哪些代價）。每天自信滿滿將你寫下的渴望大聲朗誦至少兩次。

對現代人而言，生活在日新月異的世界上所要了解的一大課題，就是**天下沒有白吃的午餐**。只有已經付出所有代價的人才能成功。羅傑．費德勒（Roger Federer）努力不懈揮擊了數百萬顆網球，才成為史上獲得最多次大滿貫冠軍的男性球員，也從而累積了大量財富。

不斷重複透過絕對自信所加強的渴望，你下達的指示將轉變為必要的日常行動。恆久的成功必先付出代價——也就是信心、想像，以及努力與毅力。只有你能決定最後的結果是否值得持續付出犧牲。

在自我暗示的過程中，你必須說服潛意識相信這是個單純的決斷：要勝利，還是毀滅。索求成功、期望成功，讓宇宙指引你前進的道路。

改變世界保險業龍頭的人

——《祕密》作者之一、潛能大師包伯・普克特

加拿大多倫多長大的羅伯特・普克特（Robert Proctor，「羅伯特」的小名是包伯〔Bob〕），在二十六歲時幾乎已嘗試過各行各業。這位月光族當時在市中心的消防局上班，跟他過去一連串的經歷沒什麼兩樣，這依舊是份瑣碎的工作。

遇見《思考致富》的那一天

某天包伯認識了一位衣著高雅、在消防局隔壁經營公司的男士，兩人建立了融洽的友誼，接著對方提出了包伯想都沒想過的問題：評比自己在快樂、健康與財富這三方面的成功程度。

當時包伯認為自己已擁有足夠的快樂、健康與財富，但在這個人生階段，他尚未意識到

自己設下的標準有多低。在成長過程中，先是經歷經濟大蕭條尾聲，接著又面臨第二次世界大戰的他，從沒想過自己即將迎來更美好的生活。

「聽好了，如果你讀過這本書並確實按照我說的做，就能擁有想要的一切。」這位先生說道，指向一旁桌上的《思考致富》。

除了學校課本，包伯的閱讀經驗少得可憐，甚至連漫畫都沒看過。就跟同年齡的許多孩子一樣，他成長在爲了應付生活開銷而辛苦奮鬥的家庭，家中男性大多離家前往歐洲加入大英國協部隊，爲自由而戰。包伯十五歲便離開學校，因爲他覺得比起教育，他更需要工作。由於只受過初等教育又缺乏商業經驗，包伯陷入只能從事卑微工作換取微薄薪資的循環，十年過去了，依舊原地踏步。

然而，這位神祕商人強大的說服力充分引發他的好奇心。包伯讀了《思考致富》，深受吸引——尤其是史上成就最非凡的人們背後的趣聞軼事，誓言採取行動。

正如那位先生所言，包伯的第一步是在目標小卡上寫下想要的事物——在一九七〇年元旦之前，他將擁有兩萬五千美元——並隨身攜帶。這是他首次主動且刻意追逐想要的金錢。

稍後他回想，「我給自己十年完成目標，但眞的不認爲這件事會成眞。隨著我繼續讀這本書，我才了解這是怎麼回事。如果你時常閱讀某件事物，你就會開始相信。」

投身清潔事業

包伯認識了一位名叫阿爾・菲利普斯（Al Phillips）的先生，他提到從事辦公室清潔工作可以賺很多錢，但有個前提：「如果要做某件事，就要爲了自己而做——不要爲別人而做。」在當時，如果你受雇於清潔公司，打掃每小時的薪水約爲一美元；然而，清潔公司每小時收費卻高達一〇到二〇美元。包伯借了一千美元，買了兩台二手清潔機外加幾個桶子與幾支拖把，就此投身清潔事業。

包伯仍然將目標小卡擺在口袋，向前邁開了腳步。他全天無休，隨時注意是否還有其他辦公室可以打掃。最後，他因不眠不休的努力而累垮，在街上昏倒。他清醒後發現一名魁梧的警察緊盯著自己，背後還有一大群人。包伯深吸幾口氣，才小心翼翼起身走回家。

這位有志氣的企業家明白自己執行計畫的方法出了問題，也擔心離開崗位會對初創的事業帶來影響。他的內心傳來聲音，「如果你無法打掃得盡善盡美，乾脆別做這行。」包伯雇用了一群清潔工來分擔所有工作，生意開始蒸蒸日上。接下來的十二個月，他賺了超過二十萬美元，開始在多倫多、蒙特婁、波士頓、克利夫蘭、亞特蘭大與倫敦承包清潔工作。過了幾年，他的營業額已經突破百萬美元大關。每一次成功都讓他的野心大幅提升。包伯露出了微笑——他的目標小卡需要重寫了。

向史上最著名的聲音取經

有位名叫哈洛德．羅斯（Harrold Rose）的友人介紹他一套錄音帶，內容來自銷售、勵志與領導力領域富有影響力的大人物。包伯立即被厄爾．南丁格爾（Earl Nightingale）吸引，這位廣播名人也是《最不可思議的祕密》（*The Strangest Secret*）的作者；他也錄製了《思考致富》的精簡口述版，包伯購買後經常放來聽。

包伯下定決心與偶像見面——雖然當時不見其人、只聞其聲（然而這可是美國廣播史上最著名的聲音），鼓起勇氣打電話。他很驚訝能直接聯絡上厄爾。幾度堅持之下，包伯與偶像約好在芝加哥見面。

這次會面長達一小時，包伯深受吸引，甚至在離開厄爾的辦公室前就決定要回來爲他工作，學習他的第一手祕訣。包伯出售了清潔帝國，搬到芝加哥展開新人生，當時年收入只有一萬八千美元卻毫無異議，「我願意付錢給厄爾，只求能讓我在這裡工作。」

往後幾年間，他使出渾身解數向厄爾與事業夥伴洛伊德．寇南（Lloyd Conant）學習。爲了向他們看齊，包伯還付錢給他們的祕書幫他打聽，就爲了隨時跟上與成功或個人發展相關的一切步調：假如他們買了某本書，祕書就會把書名告訴他，讓他也能購買同一本書；假如他們訂閱某本雜誌，他也會照做；假如有位大人物來訪，包伯也會提前收到通知，好在適當的時間露臉。

帶著無與倫比的學習熱忱，加上高超的人際關係溝通技巧，包伯・普克特在四年內就被拔擢為銷售副總裁，薪水更翻了一倍。

看見商機：IBM與勵志錄音帶的進化

有天包伯來到洛伊德跟前，建議他們停止銷售多年來支撐公司收入的錄音產品。當時公司有一套十二片的七吋錄音唱片與錄音帶，售價為兩百四十五美元，遠比零售價僅五十美分的密紋唱片貴許多。包伯明白真正的價值並不在於錄音產品，而是由錄音產品所催生的**行為**。多數人都只是購買產品，卻從未實際行動，因此需要從另一個層面提供顧客協助。

「我們應該提供顧客錄音帶，再推銷他們參加研討會。」包伯提議。

洛伊德笑著說，「我不這麼認為，包伯。我們只做錄音帶的生意，至於研討會什麼的就留給戴爾・卡內基（Dale Carnegie）去辦。」

包伯覺得應該繼續前進。他會永遠感激生命中這段時期，但覺得有必要再次走上自己的道路。他致力於開創一個研討會系列，為眾人帶來積極與永久改變人生所需要的一切，大家將不再受限於從孩提時代便不斷剝奪夢想、故步自封的信仰系統。包伯・普克特想要啟發全世界，幫助所有人達成他們所希冀的成就，而他已經想到實現目標的計畫——整合推出研討會系列產品，並大力推廣。

每個系列都包含每週一次的工作坊，爲期八週；會場內也提供多達一百人份的伙食。就在包伯與團隊正準備舉辦首次活動時，ＩＢＭ這間全球最大電腦諮詢公司的培訓負責人好奇地順道來訪。引起產業界的興趣後，包伯心想，也許研討會系列大紅大紫的速度會比想像中更快。

在首次活動中，他在舞台上走向一位獨自參加的與會者。場內共安排了一百個座位，但現場人數頗爲稀少。包伯雖灰心但並未動搖，開始一一分發資料，好似人山人海的感覺。

撼動世界保險業龍頭

隨著時間過去，消息開始傳開，而包伯得以與梅爾．海克拉夫特（Mel Haycraft）見上一面，他是美國保德信人壽公司的銷售副總裁。當年是一九七四年，而成立於一個世紀前的保德信是全球最大的保險公司之一，擁有超過兩萬名員工，公司迄今績效最佳的地區正是由梅爾所帶領。

梅爾在兩人的交談中發覺，與其他曾帶來優異成果的衆多課程相比，包伯所提供的產品並無法帶來價值。最後，梅爾問：「你的課程有什麼特別之處？」

「因為我與眾不同。」包伯說，「我想跟你談個交易。把你手中最優秀的一百位人才交給我。別給我最弱的——要讓弱者進步，每個人都辦得到。給我最優秀的人才，我提供一天的免費研討會，而且保證你一定能看見成果。」

在包伯的擔保下，研討會如期舉行。由於之後廣受好評，他甚至受邀對其他職員發表演說。次月，他在坐滿四百五十人的會場中大膽宣稱：「我可以教會這裡的任何人如何創造五百萬美元的銷售額。」會場立刻充斥著耳語。與先前舉辦的保德信研討會相比，這群人的反應似乎比較冷淡。

中場休息時，名叫唐・史洛文（Don Slovin）的聽眾詢問包伯以前是否賣過保險。

「不，從來沒賣過。你為何這麼問？」包伯回答。

「你根本不知道自己在講什麼。」唐斷言，「你說現場任何人都能賣到五百萬美元。你知道我們公司從來沒人能在一年內寫下五百萬美元的紀錄嗎？」

「你可以當第一個。」包伯提議。

「你說我們今年就辦得到，可是今年已經過一半了。」

「那表示不會花你們太長時間，沒錯吧？」包伯說。

過了僅僅四個月後的十二月底，唐在新事業上以超過六百萬美元的年度金額關帳，與包伯對談過的許多人也加入了五百萬美元俱樂部，緊追著他的腳步。包伯引導大家質疑自己的信念，以及對何謂「可能」的解釋；藉此，他重新定義了世界最大保險業龍頭對於成功的觀點。

從謙卑的出身開始，包伯．普克特看著反覆出現的奇蹟以及對人類潛能的持續研究是如何徹底改變他的快樂、健康與財富。現在，他的使命就是引導衆人超越原有的境遇，直到生命終結爲止。

八美元致富的奇蹟

——思考致富學會創辦人薩迪許・維爾瑪

「薩迪許，想跟我去看電影嗎？」克里希納・賴爾問自己的姪孫。

「電影是什麼？」這名七歲男孩回答。

薩迪許・維爾瑪（Satish Verma）在印度北邊的費羅茲普爾貧民窟中長大，過去短短幾年的人生正好處於印度歷史上最動盪的時期。一九四七年，英國政府在統治當地將近一世紀後，將控制權移交給印度，一場權力鬥爭就此爆發，迫使該國許多地區陷入血腥衝突，導致數百萬人死亡，也讓數百萬人流離失所。

在印度與即將建國的巴基斯坦邊界上，費羅茲普爾正是受影響程度最嚴重的地區之一。在鬥爭期間，街道上隨處可見示威群眾，暴力衝突不斷摧殘這座城市。這名男孩的父親是社區裡備受景仰的醫生，卻死於暴動之中，留下妻子和三名孩子，包括剛出生的兒子薩迪許。

由於城裡瀰漫著炙熱的緊張氣氛，再加上父親不幸喪生，薩迪許全家不久後被迫搬到貧民窟。未受過教育、突然必須扛起家中生計的薩迪許母親，為當地家庭的幼兒清洗尿布，以此養家餬口。儘管過得很辛苦，但在全家人心中，這番處境不過是短暫的逆境。薩迪許的母親經常向孩子保證，「苦日子很快就會結束。」

一部電影點燃七歲男孩對成功的渴望

隨著國家政局慢慢穩定，這家人的生活逐漸恢復常態。薩迪許的伯祖便是在此時帶他去看了人生中第一部電影。在電影放映過程中，儘管這名男孩聽不懂英語對話，還是迷上了電影主角。

在放映機颼颼運轉時，螢幕上出現電影主角正在瑞士與金髮美女喝咖啡的場景。坐在椅子上的薩迪許被這位充滿魅力的英雄、擁有一頭奇特髮色的女性及優雅的場景深深吸引。這部電影揭開了他從未知曉的世界，這一幕將永遠留在他心中。他向自己保證，「我總有一天會造訪那裡。」

青少年時期的薩迪許相當用功，考進了大學，攻讀心理學與文學。就讀大學期間，他覺得印度以外的世界相當迷人——尤其是歐洲。勤奮為他帶來亮眼的成績，成功申請到加拿大的碩士課程，獲得全額獎學金補助。更棒的是，這所大學同時承諾支付旅費與生活費。

當年二十三歲的薩迪許與旅行社人員見面，請對方協助訂下飛往多倫多的機票，但有一個要求：是否有機會訂到在瑞士轉機的航班，即便只有一天也行，好讓他造訪電影中那間烙印在心中長達十六年的餐廳？旅行社想方設法替他訂了飛往多倫多的班機，還讓他在蘇黎世轉機的時間短到幾乎不可能趕上，他便能刻意錯過班機，滯留一晚，並且讓航空公司負擔他的食宿與其他花費，直到隔天再搭乘下班飛機前往多倫多。薩迪許將所有行李打包在小袋子裡，帶著八美元的積蓄（他在這世上的所有財產）與家人道別，踏上冒險之旅。

他按照計畫錯過飛往多倫多的班機，航空公司也提供了一晚的住宿，外加食物與交通費，讓他在蘇黎世待上二十三個小時。薩迪許將行囊丟在飯店，接著詢問櫃台服務員，第一個問題：城裡是否有河流？第二個問題：河邊有沒有咖啡廳？服務員回答，「有，利馬特河，但咖啡廳有很多間。」

薩迪許很快沿著河邊走一趟，直到找到電影中的場景。他坐在咖啡桌前，拿出一元美鈔向女服務生點餐。當烘咖啡豆的香氣竄進鼻孔，他將咖啡杯湊上嘴邊，心想，「如果我能爲了尋找這間咖啡廳而離開印度的貧民窟，那任何事都難不倒我。」這個夢想花了十六年才實現，卻讓薩迪許堅信：只要有熱情與努力，再加上正確的計畫，宇宙就會讓美夢成眞。

學生變老闆

在加拿大降落後，他轉機飛往珊德灣就讀文學研究所。課餘時間，薩迪許在城裡擁有三家分店、生意相當好的三明治餐廳擔任廚房助手。雖然工作很忙很辛苦，但他很享受交朋友與在新行業學習的過程。餐廳的生意很好，但在工作幾年後，有兩位西裝筆挺的專業人士上門找老闆。薩迪許回答，「他不在，我們已經好幾天沒看到他了。」在接下來的對話中，當年二十九歲的他才發現雖然生意一直不錯，但因爲老闆嗜賭成性，留下大筆呆帳，讓餐廳財務出了大問題。銀行失去耐性，因此派兩名代表前來清償債務，否則就要讓餐廳關門大吉。

「分店的地點似乎都滿熱鬧的，你爲什麼不把整間店頂下來？」其中一位銀行職員問道。雖然薩迪許跟其他人一樣了解餐廳的運作，但他說自己還是學生，拿不出這麼多錢。銀行職員向他保證，「你只要每個月支付我們一百美元就好。」他跟同在餐廳工作的友人商量，同意共享店面的所有權，每月各負擔五十美元來挽救餐廳。以廚房助手的身分在這間餐廳工作五年後，薩迪許．維爾瑪在一九七六正式成爲餐廳老闆，在當年獲利超過兩萬美元。

「這在當時可是很大的一筆錢。」回想初次成爲企業家，薩迪許笑著這麼說道。

失敗的豪賭

他回到印度相親，星期天才剛認識未來的妻子安妮塔，星期三便與她結爲連理。夫妻倆返回加拿大，生了兩個孩子，享受著遠離貧窮髒亂故鄉的人生。隨著收入不斷增加，薩迪許開始多元化投資，跨足房地產。

有一天，他接觸到某個商業理念，可以讓他推出一種新型態的披薩餐廳，而且很有機會將分店拓展到全國各地。此時的薩迪許已是經驗豐富的餐廳老闆，懷抱著擁有全球連鎖餐廳的夢想。眼前的交易很像一回事，且前景看好，於是他賣掉三明治餐廳的持有股份，以及正持續成長的房地產投資組合中的股權，盡可能換取更多資金。他因此取得五十萬美元的資本，又向銀行另外借了五十萬美元，他投入披薩店的金額高達一百萬美元，希望藉此獲得更高利潤。

起初薩迪許對新事業興奮不已，但當投資計畫開始失利，希望很快就轉變成恐懼。幾個月後，披薩事業顯然是場徹底的災難——此時他發現自己賠光了投資的每一分錢。「想像你在一間企業裡失去一切、歷經破產、揹負巨額債務又毫無收入，還有妻子跟兩個小孩要養。」他說，「那是我人生中最艱困的一段時期。」一個輕率的決策換來無可挽回的後果，什麼都沒了，只留下一個縈繞心頭的問題：「我現在該怎麼辦？」他努力了一輩子，銀行戶頭裡卻只剩下五百美元。起初他大受打擊，後來想起母親在貧民窟中不斷對他與哥哥說的話：「苦日子很快就會結束。」

思考致富，東山再起

薩迪許花了戶頭裡超過一半的剩餘資金，報名拿破崙・希爾基金會伊利諾州總部價值三百美元的函授成功課程。他們將教材郵寄給每位參與者，參與者要完成課程作業並繳回，取得回饋意見。「大家都覺得我瘋了，居然將僅存財產的一半以上拿來投資一套課程。」薩迪許回想，「當周圍許多人都試圖指出我犯了什麼錯誤時，我選擇傾聽內在的聲音，並盤算著**該怎麼做才對**，接著付諸實行。」

他收到的第一課是「明確的目標」。在閱讀課程教材時，薩迪許得知許多儘管身處逆境卻依然獲得成功的案例，其中很多人在榮耀加身之前都曾經破產。「如果他們辦得到，我也辦得到。」他抱持頑強的決心這麼告訴自己。

他通篇細讀課程教材，發現有段話特別顯眼：**「內心可以想像並相信的事物，必然能夠實現。」**他認為該是徹底驗證作者這番教誨的時候了，因為他已經構想好最遠大的目標——在六個月內擺脫破產。他心想，「要是拿破崙・希爾說得沒錯，那就一定會實現。」他還立誓有一天要與拿破崙・希爾基金會共事，抑或參與基金會運作。

為了協助宇宙實現自己的目標，在倉促但經過全盤考量的情況下，薩迪許擬訂了一項計畫，以獲得最大的成功機會。他邀請鎮上最廣受好評的銀行職員、同時也是好友鮑勃共進午餐。由於兩人的交情，鮑勃批准核發信用卡給薩迪許，幫助他養家餬口，並提供其他資源讓他重起爐灶，這次他專注於心理學與教育領域。

在一段時間的勤儉生活與創造性思考後，六個月後，薩迪許終於實現了目標。不久，他便為安妮塔與兩個小孩買了房子。他的專業服務生涯持續拓展，最終以超過一百萬美元的價格將公司出售。親身見證希爾的教導所帶來的力量後，薩迪許承諾將畢生致力於把希爾的成功法則與造就繁榮的訊息推廣給全世界。

用行動改變人生

薩迪許知道《思考致富》是史上最成功的書籍，銷售量超過一億本，不禁納悶為什麼沒有更多像他一樣的故事。畢竟他出生在動盪之中，自幼喪父，從貧民窟長大，帶著僅有的八美元離開故鄉，卻實現了小時候造訪瑞士的夢想，更兩度成為成就斐然的商業人士。他歸納出兩個原因：第一，讀者並未讀懂這本書；或是，讀者未能付諸行動。

薩迪許與拿破崙．希爾基金會分享了他的想法，並於二〇一三年在加拿大多倫多成立「思考致富學會」，以幫助各種背景的人實踐希爾的教誨，藉此改變人生。學會與基金會合作，致力確保《思考致富》的遺澤能夠生生不息。薩迪許說，「我從不休息，因爲我迫不及待想改變上百萬人的生命。如果你不回饋世界，那生在地球上又有什麼意義？」

在有限的餘生裡，薩迪許．維爾瑪旅居世界各地分享他的卓越事蹟，教導世人無論處境多麼悲慘都不該放棄。他希望未來的世代都能了解：我們早已擁有邁向成功所需要的一切，我們永遠都能掌握自己的命運。他解釋道，「當你能控制自己的想法，就能享受每一刻，因爲在你生命中的每個瞬間都可能成爲意義非凡的時刻。」

破億驗證・成功法則④

專業知識

個人經驗或觀察所得

知識只是潛力，

只有組織成明確的行動計畫並導向明確的目標時，

才會化為力量。

——拿破崙・希爾

破億驗證・成功法則④

專業知識

知識就跟點子一樣，本身並沒有意義。然而，獲取專業知識並學習將它組織成明確的行動計畫，導向明確的目標，接著建立堅持到底的信心，就能帶來真實的力量。這種力量遠勝過受人讚美的才智或書中的智慧。對受過良好教育的人來說，要了解如何將知識轉化為財富，的確比多數人想的困難許多。在持續獲取知識的同時，也應該同樣重視**學以致用**，這是讓所有人實現潛力的途徑。

將人生定位在追求成功的人會改變日常行為，養成持續運用專業知識的習慣。正如同複利可能成為強大的僕從或殘酷的主人，**習慣**也可能成為進步過程中強大的助力或阻力。

有太多人成為壞習慣的受害者，讓持續不斷的干擾掩蓋了內心的聲音，使他們對成功漠不關心。養成良好習慣的人正好相反——正面思考、讓自己置身於贏家之中、應用所學、將渴望滋養成強烈的執著，並且每天都為將來的成功持續付出努力。

思索你的明確目標是什麼，你將能快速判別實現目標需要哪些知識基礎；接著利用你所能支配的大量資源投入你的人生課題。今天，你不僅與前幾世代的人擁有同樣的書店、圖書館與大學，更能透過科技立刻觸及數十億人，並獲得無限的文明知識。獲得成功所需的一切從來不像現在如此簡單。科技幾乎推倒了踏入所有行業的阻礙，並以無數種方式讓眾人的起跑點回歸一致。只要心態正確，放眼望去無處不是機會。

教育的成敗並不取決於你念的學校，事實上，真正的教育是你獲取專業知識並將它導向明確目標的能力。歷史一次又一次證明，了解**如何運用**專業知識的人遠比擁有卓越知識的人更成功，各行各業都是如此。經過將近十年的電腦程式設計經驗，馬克．祖克伯（Mark Zuckerberg）將專業知識結合他人的才能，創造了臉書這個社群網路霸主，使他在三十出頭便成為世上最富有的人之一。

運用你的明確目標、取得所需的知識並加以組織，讓自己為他人的生活賦予重大價值，作為將來取得成功的代價。

讓恐懼成為優勢

——卓越學堂創辦人路易斯・霍斯

路易斯・霍斯（Lewis Howes）向對手露出微笑。這位二十五歲的外接手是美國國家美式足球聯盟（NFL）克里夫蘭布朗隊在二〇〇七年賽季中的天選之人。

路易斯在場上呼風喚雨的表現，歸功於在場下所付出的數千小時努力——激烈的訓練塑造出他強健的體魄，持續鑽研戰略手冊，提供布朗隊多樣化的進攻選擇，並且不斷觀看比賽影片，徹底摸清敵隊底細。

現在，路易斯在俄亥俄州克利夫蘭的同胞面前打球，還需要再達陣一次才能跟單場比賽俱樂部的紀錄打平。這將是他職業生涯中決定性的一刻。

愛國者隊的防守組奮力拚搏，迫切地圍堵布朗隊大展身手的搶分攻勢。隨著攻防線形成，外接手路易斯帶著雷射般聚焦的專注力，十分明白自己該往何處前進。

好戲上場，砰！路易斯蜷縮著摔倒在地。

意外的手腕創傷，讓美式足球生涯畫下句點

明亮的燈光與嘶吼的人群逐漸消失成一片空白。當路易斯的雙眼習慣黑暗後，現實迎面襲來。這是一場夢，一場拒絕死亡的夢。潛意識裡殘酷的惡作劇，讓他的聯盟夢在希望破滅許久後依然栩栩如生。

路易斯小心翼翼地從姊姊家客廳裡的破舊沙發上坐起身子，從去年開始這裡就成了他的睡床。自從手腕受傷以來，他就一直難以入眠，爲了把臀部的骨骼移植到骨折的手腕上，之後還得進行外科手術。對於身高一九三公分的他來說，沒有任何一張沙發能夠坐得舒適，而從手掌一路包覆到肩膀的石膏令他更加沮喪。

自有記憶以來，路易斯就一直夢想能到NFL打球，但嚴重的手腕創傷迫使原本前景看好的美式足球生涯踩下刹車。

路易斯從小就有閱讀障礙，自然比較偏好不需要用到紙筆的事物。他樂於觀察練習活動如何讓團隊同心協力實現共同目標，發現運動很容易就能交到朋友，可以彌補小學時的缺憾。

路易斯的父親扮演這位脆弱少年的早期導師，儘管他需要花點時間才能明白父親教誨中蘊含的道理。路易斯回想，「我父親從來不爲我慶生，直到某天我才明白爲什麼。因爲年齡

會帶來束縛，他不希望我一直注意自己今年幾歲。他希望我擺脫年齡框架，具備能夠做任何事的心態。」

路易斯大學四年級轉學後，首次得到在體育界渴求已久的認同——他被冠上全美明星運動員的稱號，只不過是以十項全能的名義。對於從未正式接受十項全能訓練的二十二歲青年而言，這眞是令人開心的成就。（譯注：路易斯在大學時想爭取全美運動員的田徑項目，但並沒有成功，之後才嘗試十項全能，最後以十項全能的項目獲頒全美明星運動員。）

一年後，他也被列入全美明星美式足球員的陣容。他感覺被接納與認可，加入ＮＦＬ的崇高目標似乎也不再遙不可及。

ＮＦＬ的球探爲這位野心勃勃的俄亥俄州小夥子提供機會，但是看到周圍的競爭對手是多麼快速、強壯又頑強，路易斯懷疑自己可能永遠也無法進入下一關。帶著最微小的希望，他與室內美式足球聯盟❶的其中一隊簽約，對方看上了他的好勝、紀律與不屈不撓的態度。

低潮中的領悟

下個賽季，他在一場比賽中撞上圍牆，手腕因衝撞而受創。掃描結果顯示手腕太脆弱，無法植入螺絲，需要進行骨骼移植來穩定受傷部位。手臂必須打上石膏長達六個月，再進行一年的物理治療才能完成療程。雖然手可以康復，但他的足球夢卻一去不回。

體育是路易斯唯一自覺有天分的活動。在沒有收入、大學學位或生涯前途的情況下，他開始累積大量的卡債，並深受憂鬱症所苦。他回想，「那是我經歷過最大的低潮。」長達幾個月，他都躺在姊姊家的沙發上盯著天花板，不斷沉思到底是哪裡出了差錯。

他想起父親的忠告——他可以做任何想做的事——卻令他更加困惑。某天，這句話就像敲在胸膛上的足球般重擊了他：沒錯，他可以做任何想做的事，但是這套方程式還缺了一角。在他的一生中，無論多麼微小的成就都有來自他人的協助、合作或影響。爲了在這番處境中——貧乏的銀行戶頭、致殘的創傷及臨時的沙發床鋪——東山再起，**他需要一位教練**。只不過這次的賭注高得多：**賭上人生**的比賽。

練習演說，讓恐懼成為優勢與熱情

由於具有體育背景，路易斯知道教練特別欣賞有特殊技能的選手。就像電玩裡的人物一

---

❶室內足球聯盟是美國專業的非戶外足球聯盟。與NFL相比，比賽是在較小的球場中進行，主流曝光率較低，球員的薪資也低了許多。

樣，他開始提升在商業領域中獲得成功所需的特質。同時，他盡可能在各種情況下結識成功人士。基於想要超越現有處境的強烈渴望，他開始閱讀公認對於二十世紀領袖人才具有影響力的書籍，並藉由積極熟悉領英（LinkedIn）這個數位網路平台來加以補強。

汲取曾經身為居家病患的痛苦經歷，路易斯設計出一種新型石膏產品，比起全長包覆的石膏，更著重於功能取向。為了開發這個點子，他找上當地一位擅長將產品精簡後重新上市的發明家。在路易斯幾個月堅持不懈的請求下，這位發明家終於同意協助。儘管這項產品從未上市，卻讓路易斯從商品概念的誕生、設計、包裝、定位、行銷到產品開發都吸收到寶貴的經驗，而這將成為一筆巨大的資產。

幾週後，他在網路活動中認識一位以巡迴演講為業的職業演說家。「等等……別人付錢請你演講嗎？」路易斯難以置信地問。這位二十四歲年輕人的眼中看見了過去不曾見過的新世界。

這位講者建議他：「你得加入國際演講會（Toastmasters），學會公開演說的藝術。在成為講者之前，你必須先掌握架構、聲音變化與肢體語言。」

「可是我很怕在公開場合發言。」路易斯心想。

然而，他對成功的渴望戰勝了恐懼。隔年的每個星期，路易斯都會到國際演講會一次又一次練習演說。透過刻意重複練習這項跨出舒適圈的技能，一切開始有所不同；他最大的恐懼反倒成爲自己的強項與熱情。

路易斯設下目標：在今年結束前要透過一場演講賺到五千美元。他說，「該怎麼實現目標，我完全沒有頭緒，但是我有願景、有教練，也有每個星期不間斷的實踐計畫。」結果證實，國際演講會是帶來豐碩成果的機會，可以認識社群裡其他富有雄心壯志的人。路易斯對法蘭克・艾根（Frank Agin）這位講者感到驚豔，他每每都能使全場爲之讚歎。有天路易斯上前詢問他能否一同共進午餐，想要了解他如此成功的祕訣。

「我想了解你是如何達到今天的境界！」路易斯說。

在自我轉變的過程中，路易斯會詢問**他人是如何獲得成功**，而不是直接尋求別人的建議。他發現這種方式能快速取得各領域人士最誠懇的訊息。

除了是傑出演說家，法蘭克也是暢銷作者與網路專家。兩人分享彼此的故事，法蘭克也問路易斯是否願意運用領英網站的專業協助他拓展線上事業。

之後，法蘭克支付路易斯一百美元的支票作爲服務費——對這位抱負遠大的年輕企業家而言，又是個大受啓發的時刻：「即便是我正在學習的技能，也能拿來教人並且賺錢？」

這加強了路易斯想盡辦法有效拓展自身技能的信念。快速擴張的訓練師與導師人際網路也讓他有所成長，透過挑戰、組織架構與反饋，使他有紀律地不斷進步。最後，路易斯成爲商界公認有頭有臉的人物。

事實證明，領英是愈來愈有用的工具，路易斯不花一毛錢，很快就能與數千人建立聯繫。在導師法蘭克的推動下，路易斯透過創立與銷售一對一線上諮詢，來將這份無形的人脈資產化爲財富，在諮詢過程中協助個人與小型企業建立完善的形象，以吸引更多客源。客戶對於成果很滿意，開始口耳相傳。看見客戶對他的服務感到如此滿意，再加上每天工時有限，路易斯因此提高了價碼。諮商事業爲他帶來的利益不斷增加，他也不斷尋找能爲客戶增加價值的方法。

從領英的線上事業到成為作家

法蘭克對路易斯在數位領域的聰穎印象深刻，提議兩人共筆寫一本書——探討現實世界與線上網路法則的經典指南。要說服高中時英語幾乎不及格的路易斯確實要下點工夫，但身爲路易斯的導師，法蘭克向他保證兩件事：第一，自己將一步步幫助他循序漸進；其次，成果絕對值得辛勤付出。就這樣，二十五歲的路易斯・霍斯——斷送體育前途、讀寫能力只有高中程度的運動員——成了作家。

這次經驗使他信心滿滿地與資訊科技專家合作，製訂出向廣大受衆傳遞訊息的策略：由合夥人負責技術層面，路易斯則負責推廣與會議主講，爲世界各地的人舉辦線上研討會。隨著社群媒體行銷逐漸興盛，他們的事業也蓬勃發展。三年後，路易斯出售了公司的持股，賺進第一筆鉅額財富。

獨家採訪產業領導人的卓越學堂

路易斯現在手頭資金較爲充裕，也爲了運用自己不斷提升的形象，他決定該是時候朝不同的方向邁進了——《卓越學堂》（*School of Greatness*）播客節目。播客節目近幾年在歐美迅速成長，這位嶄露頭角的企業家希望使用播客（podcast）平台訪問產業領導人，藉此分享他們成功的祕訣，來造福世界。在此過程中，他得以源源不絕地獨家採訪能夠鼓舞人心的專業人士。

在撰寫本書時，他的個人網站每月已能吸引二十萬名訪客，《卓越學堂》播客節目也累積兩千五百萬下載人次。路易斯仍然每週空出時間舉辦至少一次網路研討會，過去八年已帶來超過一千萬美元的銷售額。二〇一六年，他出版了《卓越學堂》，這本書迅速成爲《紐約時報》暢銷書，他還有更多著作即將陸續問世。

談到他的一切成就，他會迅速糾正將行動與天賦混爲一談的人。「我只是不害怕行動罷了。」路易斯說，「我一無所知，對於該怎麼做一點頭緒都沒有，就只是一股腦地行動。就像體育運動一樣，我思考了自己的願景、找到了教練與導師，並依照計畫不斷努力。最重要的是，**採取行動**……每天都不放過。」

今天，路易斯・霍斯仍然專注於分享世界上最成就斐然之人經歷了哪些奮鬥與學習過程，藉此激勵整個世代。卓越的種子通常都是在最黑暗的時期播下，但只有付出時間思考自身遠景、持續努力成長，並且願意跨出舒適圈的人，才能夠收穫最富饒的人生。

讓賺錢變簡單

——二十世紀百大書籍作者諾埃爾．惠特克

一九八六年，住在澳洲布里斯本市郊的諾埃爾．惠特克（Noel Whittaker）評估了自己的財務狀況，好像有哪裡兜不攏。

回想一路走來的人生，他在高中曾試著努力念書，卻從未取得優異的成績。他一直是班上木工課的笑柄，體育分組時也總是別人撿剩的最後一個。

不甘平凡的農場小子

諾埃爾的父母灌輸他成爲誠實好員工的重要性。然而，他們在一九二九年受到經濟大蕭條重創，便鼓勵兒子找份安穩的工作賺取穩定的收入。他們同時也有階級意識。諾埃爾的父親十四歲就離開學校，一輩子都在農場擔任農場經理。一家人沒有任何房產，存款也不多，卻很樂在生活。父母期望諾埃爾與弟弟分擔農場的日常雜務，並學習團隊合作的價值與先努力再求回報的重要性。

諾埃爾的父母不希望兩個孩子在人生中面對失望，因此站在錯誤的出發點上警告兩兄弟，表示像自己這種出身的人不該在成功路上抱持高度期望。

但是，諾埃爾的內心渴望能夠「出人頭地」。他最喜愛的書裡面都有英雄，而他幻想自己有一天也可以鶴立雞群。然而，因為沒有任何事物能為他指引方向，這個願望簡直難如登天。

高中畢業後，他在澳洲歷史最悠久的西太平洋銀行擔任出納員。他知道若再次發生經濟蕭條，自己應該會比多數人獲得更安穩的職位，因此感到很安心。諾埃爾的職業操守使他得以發揮所長，職等也慢慢提升。

後來在一家法律事務所挖角之下，他離開了銀行安穩的工作，加入事務所不斷茁壯的團隊。一次人身攻擊的衝突導致他與合夥經理發生爭執。就在聖誕節的三週前，諾埃爾一氣之下從法律事務所辭職。透過這次慘痛的親身經歷，他明白幾乎沒有公司會在十二月或一月招聘新人。隨著一次次求職失敗，他變得愈來愈沮喪。

諾埃爾最大的恐懼降臨了。離三十歲生日只剩下兩個月，諾埃爾．惠特克既沒有工作，也沒有收入。他回想，「我還清楚記得自己孤身一人坐在廚房裡啜泣，我的人生沒有方向、沒有目標，而且——我以爲——沒有希望。」

因為《思考致富》萌念創業

之後幾年，諾埃爾在幾份工作間跳轉，最後終於來到一家金融公司任職，成爲合資企業分部的負責人。他發現這份工作特別令人焦躁，因爲他提出的任何想法都被無視。由於小鼻子小眼睛的官僚政治作祟，他覺得身陷困境。

當時三十五歲的諾埃爾充滿想法與野心，卻完全沮喪。

有如命中注定一般，這家金融公司提供所有員工一捲錄音帶版本的《思考致富》。這件事讓他停下腳步，一遍又一遍播放錄音帶，接著趕忙去買了一本二手書——這是他唯一能找到的書。隨著他熱切標出不同段落的重點，他的內心豁然開朗。這將是他有史以來最好的投資。

諾埃爾首次明白，**所有限制都是自己強加在自己身上的**。只要改變想法，將能讓他徹底掌握人生的自由。

他許下兩個承諾：首先，他要在一百天內開創事業；其次，他將在往後的人生中推廣拿破崙・希爾的成功法則。

只比原定計畫晚幾天，諾埃爾和友人開了建設與房地產公司。原本只對客戶提供的額外服務，後來讓兩人踏入了房貸仲介業務，隨後又發展出成功的財務規畫業務。

經過十年的成長，他覺得自己這輩子的錢已經賺完了。

投資失敗，埋下成功的種子

出乎意料的是，此時面前迎來另一個機會，諾埃爾希望這是他獲得更大筆財富的門票。有位經驗豐富的房地產開發商找上他與商業夥伴，想知道他們是否有興趣共同打造一座社區購物中心。

計畫很簡單：購買一塊商業用地、建造購物中心，並且吸引一批優質的零售商、精品店與日用品商。他們可以獲得長期的租金收入，並且隨著更多的人遷入此地區，這筆收入能在未來幾年不斷增加。當時，這塊地區的住宅與商用房地產已經在穩定增長（大約每九年就會翻倍），所以蓋商場增加土地價值只會強化人口吸力。

事後看來，當時其實出現過警訊。房地產開發商曾因爲先前的開發失敗而破產，因此無法爲這「千載難逢的機會」取得融資，三人決議讓諾埃爾和他的合夥人以自身的名義借貸現金。這帶來了另一個問題，如果這次投資失利，所有損失必須由諾埃爾與商業夥伴來承擔；

如果成功了，利潤將由三人均分。他們借了一百萬美元，資金也在建造購物中心的過程逐漸消耗。依照當時的慣例，利息會直接加到本金裡。

爲了成功，他們需要妥善規畫購物中心，以吸引衆多潛在租戶與客戶的興趣；與每位租戶簽署租賃條款；以及最重要的，謹愼管理金流以確保開發順利進行。

衆所周知，房地產開發的風險很高，且必須仰賴諸多因素。但其中最重要的條件，便是要倚重開發商本身的能力，監督數百項繁瑣任務，確保開發計畫有其價值。因此，三人採取常見的策略，將計畫委任給建築師來管理：也就是建構藍圖並監控進度，確保工程符合開發商的期望。

當他們野心勃勃的事業起步時，市場風向卻變了。信貸緊縮意味著無論收入多寡，取得融資都變得極爲困難。利率飆升至有史以來最高的水準，諾埃爾與合夥人支付了高達二一%的貸款利息，光是每週的利息錢就超過四千美元。

壓力愈來愈大。

隨著施工即將完成，諾埃爾與商業夥伴意識到開發商雇用的建築師能力不足。設計的缺陷讓開發過程變得令人費解：即將用來開設烘焙屋的空間，天花板高度並未達到容納必要機械與設備的最低要求；預定開設肉鋪的店面只開了前門，但法律規定必須要有後門。

就像在空蕩蕩的餐廳吃飯一樣，沒有人願意成爲第一個簽下租約的租戶，尤其在開發項目無法提供做生意所需的足夠空間時更是如此。一旦這場災難的消息傳開，他們的電話清單上就不再增加新的潛在租戶。

諾埃爾回到家中的辦公室自我反省。他質疑自己當初的決定，並感到悔恨，「我怎麼會冒這麼大的風險投資？」

這場賭局以失敗收場，他的信念即將面臨前所未有的考驗。他笨拙地在計算機上按著數字，試著估算全家人（包括妻子、兩個小孩和一名嬰兒）多久後會被逐出家門、窮困潦倒。

在絕望之中，他跪在辦公室的地板上禱告。

隔天早上，諾埃爾向妻子提起了非常難以面對的話題，她卻出乎意料地以正面心態回應：「我不在乎會不會失去房子，只要別搞砸你的名聲就好——這點最重要。」

這番話幫助諾埃爾重整局勢，也提醒了他，只要夠努力，總會有辦法。

接下來幾週，諾埃爾幾乎賣光了這輩子賺來的所有財產。儘管是個極爲艱難的決定，至少還能讓他以微薄的利潤保住全家人的窩。這減輕了原本像滾雪球般的債務壓力，慘不忍睹的購物中心也在幾個月後大幅認賠出售。

這是極大的挫敗，也是昂貴無比的教訓。

在理財規畫領域大放光芒

可想而知，對其他房地產開發感到猶豫不決的諾埃爾，將所有精力集中在理財規畫事業上。他開始爲地方報紙撰寫個人理財文章，逐漸在當地廣播電台闖出名聲。

他下定決心要寫本書來幫助其他人獲得幸福與財務自由。諾埃爾將自己在理財規畫方面的知識，與拿破崙．希爾改變世界觀的教誨相結合。這本書的手稿被十幾間出版商婉拒，但當時四十六歲的他確信，只要堅持下去一定會找到出路。一九八七年，終於有間出版商被諾埃爾打動，條件是由他負擔所有成本，一肩扛起所有風險。

《讓賺錢變簡單》（*Making Money Made Simple*）一書上市了。

諾埃爾設下大膽的目標：上市第一年就要賣出十萬本。他打算不斷在國內巡迴，盡一切努力推廣這本書並達成目標。

將近三十年後，《讓賺錢變簡單》共賣出超過兩百萬本，也因此成爲澳洲、紐西蘭、南非與英國等地的暢銷大作。他獨自承擔所有風險，也因而賺進相當可觀的報酬——書籍版稅。該書在二〇〇一年名列「二十世紀最具影響力百大書籍」，同時也爲他的理財規畫事業吸引了數千名客戶上門，成爲澳洲同類型產業的翹楚。

二〇一一年，諾埃爾因爲在財金教育上的貢獻獲頒澳洲勳章殊榮。諾埃爾．惠特克終於成功了。

在他最慘痛的失敗當中，埋下了成就卓越的種子。付出昂貴代價的教訓果真值回票價。

破億驗證・成功法則⑤

想像力

心智工作坊

若你無法看見自己想像力當中的巨大財富，

財富永遠也不會出現在你的帳戶數字上。

——拿破崙・希爾

破億驗證・成功法則⑤

想像力

想像力是各種計畫的先驅、火箭燃料，也是渴望與行動之間的紐帶。長久以來，所有的偉大創新都可歸功於想像力。今天，我們擁有能在不到一天之內安全飛越世界各地的飛機、以高解析度影像與任何人免費通話的手持裝置、商業化的民用太空旅行，以及如閃電般快速取得任何資訊的網際網路。然而，這些原本都只是人類想像力的火花。就跟知識一樣，如果不朝明確的目標去行動，想像力只是沒用的玩意。

終極的自我掌握與隨之而來的回報，不僅要靠我們主動讓成功的火花進入意識，還需要我們搧風點火。可惜的是，比起構思更好的生活，有太多人將更多時間花在安排社交生活或賴在沙發上。分心與拖延會摧毀我們的野心，而且時常掩蓋在「時間不夠」「沒有錢」或其他各種藉口之下。無論我們用什麼理由來為自己的處境辯解，都需要渴望與信心才能讓成功進入我們的意識，進而與想像力結合後，點燃邁向成功的熊熊火焰。

想像力能為你的渴望賦予生命，但多數人在初遇逆境時就打退堂鼓。如果你確實抱持熱切的執著、真正理解希爾的法則，你會先在心裡立定目標，並只有在需要重新調整計畫方向，或是欲望已經實現時才停下腳步。曾經打破紀錄的職業格鬥家康納·麥葛瑞格（Conor McGregor），從年輕時就比多數人更了解這點。談到自己排除萬難的成功時，這位愛爾蘭選手如此說道，「我只是在運用自己的想像力。我所做的、我所想的，就是如此。」

你的想像力受到每天所做的事情影響。為了充分駕馭創造力，請將明確的目標當作軍火庫裡的主要武器，但必須明智地花費時間。藉此，你必然將觸及把渴望轉化為現實所需的資源、人群與靈感。

用想像力克服學習困難

——紐約房產天后芭芭拉・柯克蘭

在紐澤西州埃奇沃特這座藍領小鎮的一所天主教小學，三年級學生睜大眼睛望著前方。雖然有些學生確實對學習很有興趣，但其實大部分是出於恐懼。大家都知道授課的修女相當嚴厲，絕不會容忍無禮舉動。

芭芭拉・柯克蘭（Barbara Corcoran）坐在第三排，看起來特別專心，但是成績單上的平均分數只有D。身為家中十個孩子的老二，芭芭拉很快就掌握了團體互動的訣竅；儘管她有閱讀障礙，仍決心不讓修女史特拉・瑪麗給盯上。芭芭拉過去曾經多次觸怒修女，換來拉耳朵或是打脖子的懲罰，還被告知必須改變處事方式，不然永遠都會是蠢蛋一個。

儘管芭芭拉會在修女踱步時乖乖聽話並保持眼神接觸，但是她大腦中萌生的想法其實與教室裡發生的事情無關。由於學習困難的緣故，她特別難以專注於學校的活動或是以這種方式學習任何事物，更別說還要維持一整天。因此，芭芭拉會一心多用——保持看起來很專心的外表，同時允許大腦無目的地漫遊，而且也確實天馬行空。在閃閃發光的藍色眼珠後方，這位八歲女孩釋放了自己的想像力，精心規畫著課堂以外的每個生活細節。

離鄉背井，大展鴻圖

一九七三年，芭芭拉在小餐廳裡擔任女服務員，當遠在另一端的雙扇鋁門打開時，二十三歲的她從正在擦拭的桌子上抬起頭，朝拉蒙．西蒙尼（Ramone Simone）難以捉摸的身影望去。「他有著橄欖色的皮膚、烏黑的頭髮與飛行員般的身影，看起來一點也不像經常光顧此地的工人階級。」芭芭拉回想。

兩人一拍即合並開始約會。從事房地產開發商的拉蒙——離婚、比她大八歲，也是三個孩子的父親——斷言芭芭拉將會在房地產銷售業大紅大紫，並承諾協助她離開餐廳工作，就此踏上成功之路。

幾個月後，芭芭拉帶著家人的告誡，將行李丟進拉蒙黃色林肯汽車的後車廂，爬上乘客那側的皮革座椅。當汽車駛向紐約市，她看了自己的家最後一眼，思索著未來。

爲了安頓芭芭拉，拉蒙在巴比松女性限定酒店支付了一週的住宿費。她有一週的時間找工作，還得幫自己找間公寓。在面試了接待員的職位後，她獲得房產大亨吉芙尼兄弟

（Giffuni Brothers）旗下的工作機會，他們坐擁曼哈頓與布魯克林的十幾棟建築。在這週結束前，芭芭拉也找到一棟公寓，並與另外兩位室友分攤租金。

芭芭拉天生熱愛社交，沉浸於在吉芙尼兄弟企業中扮演的新角色。她總是熱情地接聽電話、從沒請過假，贏得了吉芙尼兄弟的信任。這是她首次涉足房地產領域。隨著她的能力逐漸提升，拉蒙也有了自己的計畫。他幫助芭芭拉在紐約上東區成立了不動產租賃公司，並投資一千美元換取五一％的股權，柯克蘭—西蒙尼（Corcoran-Simone）公司就此誕生。

隨著公司成立，芭芭拉最需要的便是能夠出租的實際不動產。她毫不遲疑地向吉芙尼兄弟其中一人尋求協助，希望他能提供她一棟物件，當作她在此服務一年半所得的獎勵。吉芙尼同意了，但他提供的物件是棟髒亂不堪的三層樓公寓。芭芭拉回憶道，「他給了我最糟的一棟，這或許是個挑戰，也許是因爲沒人要租，誰知道。但有總比沒有好。」

用創意完售條件不佳的公寓

由於手頭現金只夠在《紐約時報》刊登一則廣告，芭芭拉知道這次得孤注一擲。她掃視競爭對手的物件，以了解該怎樣引起潛在租戶的共鳴，接著想出了一個主意。當時紐約市大多數房地產都設有L形的客廳，這位急切的房地產經紀人詢問吉芙尼，她是否能打造具有雙入口的半牆，好將L型較短的部分與客廳其餘部分分開，這多隔出來的空間讓她每月能從潛在租戶身上額外收取四十美元。他同意了，芭芭拉也刊出廣告：「有書房的一房公寓」——果然，這聽起來比單純的一房公寓更有吸引力，來電開始源源不絕。如此成功的手法，讓吉芙尼兄弟把手上所有一房公寓都交給芭芭拉，並且在每間公寓裡築起一道牆。

芭芭拉的報酬等於第一個月的房租，而她在此過程中學到寶貴的一課：**感受造就現實，而非現實帶來感受**。她帶著第一筆佣金造訪了豪華的波道夫．古德曼百貨，買下一件白棕色人字紋羊毛大衣，上面有大漩渦狀的衣領與袖口。她說：「如果我看起來有能力，那我就有能力。」消息逐漸傳開，其他房地產業主不久後紛紛將自己的物件擺在芭芭拉面前。

一九七七年，也就是柯克蘭—西蒙尼公司創立短短幾年後，首次展開公寓銷售。紐約的房地產市場當時正處於變化之中，市政府限制房東向租戶索取市值租金。很快地，幾乎每棟在紐約市地點不錯的租賃大樓都成了合作公寓（co-op）建築。❶這是每個房東夢寐以求的答案：他們可以把建築物變賣兌現，把不良房客拋在腦後，對該地區而言是巨大的變化。

對於以賺取房租佣金爲業而付出同等心力的租金房地產經紀人來說，相當於六％銷售價

---

❶與買家擁有指定公寓的傳統公寓不同，合作公寓制一般由企業主或公司購買下整棟公寓，再將公寓樓內的公寓賣給不同的户主。合作公寓內的户主擁有合作公寓的股份，並擁有所居住單位的使用權。

格的共有建築佣金，比一個月的房租佣金更具吸引力。爲了利用這次變革，芭芭拉以最快的速度將團隊從租賃經紀人轉變爲銷售經紀人。

在從租賃轉變爲共有制的漩渦中，這位二十九歲女性的個人生活也即將動搖。在共同開創事業的五年後，拉蒙告訴芭芭拉兩人的戀情已經結束，因爲他愛上了自己的祕書。兩人分配了公司的資產，從此各走各的路。「如果沒有我，妳永遠都不會成功。」這是拉蒙的分手詞，但芭芭拉早已對喜歡貶低她的人司空見慣。她咬牙微笑著，發誓永遠不會讓拉蒙看見自己失敗，並努力打造自己的帝國。

在絕望的市場中積極行動

芭芭拉憑藉人際手腕開始建立團隊，所有成員都有一個共同點——當他們受到打擊時，很快就能重新站起來。首次完全掌控一家公司的芭芭拉發行了《柯克蘭報告》，每年出刊兩次，提供紐約市的房地產統計數據與趨勢概況。她手上只有自己公司當年十一筆銷售數據，但她並未等到萬事俱全，當然也沒徵求過任何人的許可——她只是採取了**行動**。當這份報告提供的服務受到大眾喜愛時，芭芭拉有了更大的動機，她推論，「記者的報導必須仰賴統計數據，如果我能提供一點素材，他們就會時常引述我的話。此外，也沒人會想問報告的銷售量基礎統計樣本數是多少。」

由於適應了總體經濟風氣、在團隊中營造創新與競爭力的文化，並且比過去任何時候都更加努力，柯克蘭集團成長爲紐約房地產的佼佼者。集團在紐約市最具標誌性的地區、也就是麥迪遜大道上開設了大型辦公室，看來相當能勝任爲其三十五個代理商開創繁榮未來的任務。時機正好，完全沒有跡象顯示即將迎來什麼變化。

然而，一九八七年十月，股市崩盤，也就是現在熟知的「黑色星期一」事件。股價暴跌，對全球市場造成了前所未有的波動。利率攀升至一七％以上，人們只有在絕對必要時才會借貸。最重要的是，投資者當時的恐懼造成一片僵局。電話不再響起，因爲大家都不接電話，就這麼等到鈴聲自然安靜下來。

芭芭拉被迫抵押房子，並找了一份有償的接案工作——出售獨戶產權公寓，以作爲新開發項目的房地產經紀人。她把賺來的所有收入用來維持自己的事業。由於柯克蘭集團能以最小的利潤安然度過負面的市場情緒，因此得以重新整合並生存下來。然而，這次實屬僥倖，讓這位志向遠大的房地產大師上了另一堂寶貴的商業課程。「我所賺到的每一毛錢，都必須花在刀口上。」芭芭拉回想著說，「這是透過巨大努力所賺來的眞實金錢，這種錢你不會想花得太快。」

拍賣公寓出奇制勝

不過，這場災難帶來了未曾預料的優勢：縮小了競爭對手的地位。一九九一年，當芭芭拉設法重新站穩事業腳步時，她的電話響起——當地的房地產開發商伯尼·蒙迪克（Bernie Mendik）請她協助出售曼哈頓周圍十幾棟建築物中的兩百五十多間小公寓。經過調查，芭芭拉意識到這些房子很小、價格過高，屬於C級建築物，有些甚至還沒有廚房。她認爲：「這在正常市場上一定賣不出去，只有在絕望的市場才有機會。」芭芭拉對伯尼說了自己的想法。

「妳很聰明，芭芭拉，」他回答，「妳會有辦法的。」

這讓芭芭拉想起了小時候在埃奇沃特小鎮的老家中的一次對話。有天晚餐過後，母親溫柔地將她帶到一旁，說她接到了修女打來的電話。「修女說妳在閱讀時有困難？」七歲的芭芭拉難爲情地點點頭，試圖不讓眼淚流下來。「別擔心——妳有很棒的想像力。」母親接著說，「有了想像力，妳可以塡滿所有空白。」

芭芭拉仔細思考伯尼說的話。她想起一路走來獲得的諸多成功，無論他人抱持什麼想法都不重要。她召集旗下的推銷員，把計畫告訴大家——他們即將來場規模擴及全市的大拍賣。柯克蘭集團透過減價，將公寓商品化，並且歸類爲不同等級，進行爲期一天的「先搶先贏」拍賣活動。這天結束時，總共賣出了一〇一間公寓，柯克蘭集團也賺進超過一百萬美元的佣金。四個月後，芭芭拉打電話給伯尼，告訴他所有公寓已銷售一空。

用想像力克服閱讀障礙的房地產天后

隨著紐約市場氣氛的轉變，資產負債表較為穩健的柯克蘭集團迅速成長，成爲該地區首屈一指的房地產企業。芭芭拉表示自己招募並留住世界一流員工的能力，就是她成功的基石。從每個人才剛起步的那刻起，她就像養育家人那樣提拔他們，創造出績效表現特別卓越、追求共同利益的團隊。以身作則的芭芭拉確保整個企業中存在激烈的競爭氛圍，並輔以充滿樂趣的文化。這位房地產天后說，「我是美好時光的精心策畫人。這需要大量優質的計畫、富有創意的思維、對細節的留意、令人驚奇的元素，以及願意確保所有人都樂在其中的領導者。」如此美好的時光不僅幫助大家放鬆身心，有時更孕育出公司最佳的創新構想。此外，有趣的文化也成爲公司最佳的招募利器，這是另一項隨之而來的收穫。

二〇〇一年，以高達二十億美元銷售額與旗下一千名房地產經紀人，將柯克蘭集團打造成紐約規模最大的房地產集團後，芭芭拉以大約七千萬美元的價格將公司出售。來自埃奇沃特的小鎮女孩運用想像力克服了學習困難，並將身爲家庭主婦的母親所帶來的教誨，用於經營產值高達數十億美元的事業，她成功了。

如今，芭芭拉・柯克蘭作爲熱門節目《創智贏家》❶（*Shark Tank*）中的電視名人，炙手可熱的程度更勝以往。她投資了超過三十家新創企業，樂於幫助企業家攻克凶險的成功之路。在有限的閒暇時光，她最喜歡與丈夫及兩個孩子共享天倫。

芭芭拉也熱中幫助衆人克服自身處境，因爲她明白人們對自己的看法遠比他人的想法更爲重要。她認爲，「學習困難讓我變得更有創意、更善於社交，也更有競爭力。我的缺點其實才是我最大的優勢。」

❶讓創業者介紹自己的事業、接受評審提問各種關於產品與財務問題，並贏得資金的實境節目，由美國ABC電視台製作。

滑板小子的夢幻工廠

——媒體大亨羅伯．戴德克

俄亥俄州代頓市的某個星期天下午，在當地一場滑板比賽後，有個小男孩跟著他最喜歡的滑板職業選手尼爾．布蘭德（Neil Blender）走到豪華轎車前，尼爾打開車門時，男孩說：「嘿，我覺得你拿著滑板應該坐不進去。」

「你知道嗎？你說得對！」尼爾說著，把他的滑板遞給這位年輕粉絲。十一歲的羅伯．戴德克（Rob Dyrdek）學到宇宙中最寶貴、但許多人終其一生都未曾眞正了解的一課：只要是心裡能夠想到並且相信的事物，就能夠實現。

羅伯用新滑板認眞練習。一年後，努力獲得了回報，他被任命爲載譽盛名的G&S滑板隊最年輕的隊員。

代頓市的滑板圈很小，羅伯的傑出才能開始吸引贊助商的注意。幾年後，他決定從高中休學並專注於滑板運動。羅伯每天早上都會坐車來到當地的一家滑板店——老闆是具有雄心的十九歲企業家吉米・喬治——花上幾個小時練習來精進技能，直到父親下班來接他回家。

除了精進技藝，每天待在滑板店也讓他對經營幕後的實際運作有所認識。這項運動大受歡迎，羅伯很快就在第一線觀察喬治如何創立公司與品牌——從概念的誕生、產品設計到市場的行銷與營運，等於直接透過現實世界接受培訓。天生好奇的羅伯在一旁觀察，該如何透過這門事業營生。在這段時間裡，這位年輕滑板運動員養成了對各方面的成長都孜孜不倦的執著。

滑板裡的商機

在喬治的帶領下，羅伯透過唯一能掌握的事物（他的職業生涯）測試了自己的商業頭腦。由於對代頓市新興的滑板產業前景瞭然於心，在把這份熟悉轉化爲經濟報酬時，這位十五歲年輕人賺到了面前機會所迎來的每一分錢。一年後，他成爲專業選手並移居加州，準備把握時機大展身手。

未來的幾年內，羅伯首次獲得展現企業家精神的機會，與人共同創立一家公司來生產「卡車」（truck）——一種用於裝設滑板輪子的金屬軸裝置。他想出這個名稱、創造出商標圖案，並爲呼應這項新興文化的品牌設計產品，他的滑板團隊曾經擁有全球排名前十大頂尖滑板好手。

羅伯的形象不斷提升。身爲主要贊助商之一的加州品牌卓爾斯服飾（Droors Clothing，DC），決定跨足當時還是一片藍海的滑板專用運動鞋市場。DC詢問戴德克是否願意協助他們展開新企畫。他同意了，並設計出前衛、創新又實用的鞋款，鞋上還加了其他熱門運動的運動鞋所不可或缺的鞋帶環。

雖然羅伯對自己的設計很滿意，但他不確定DC——或者更重要的，消費者市場——是否也能欣賞他這份熱情。在專業設計方面沒有任何背景的情況下，他只能仰賴直覺打造競爭優勢。

所幸，這項嶄新的鞋款企畫大受好評。有了在滑板界的形象與爆炸性的銷售量撐腰，羅伯便能夠爲自己參與打造的每雙鞋子洽談權利金。每次闡述設計理念，他都會借鑒過去使滑板粉絲目眩神迷時所磨練出來的技巧，透過能代表滑板文化的各種設計背後所蘊藏的故事，讓銷售團隊爲之瘋狂。

在每次的解說獲得熱烈迴響後，他手繪的設計圖便會交給DC團隊收尾，使設計概念更加完善、備妥原始素材、準備生產規格書、上市與推廣。設計流程提供了羅伯所迫切需要、能遠離八卦並充分發揮創意的管道。他的作品在這一行舉足輕重，業界有超過三分之一滑板鞋都歸功於他的才華。年僅二十三歲的他前程似錦，他的心思高速飛馳，打造出戴德克帝國。

職涯大衝擊

不斷增加的設計委託帶來巨大壓力。隨著大量資金投入滑板運動，這項運動快速演進並且變得商業化，要求運動員做出更多貢獻。贊助商不斷爭取市場上的一席之地，並期望他們的運動員爲品牌發展扮演更重要的角色。

在DC公司，領薪水的設計師開始厭惡滑板選手對公司造成的影響，也對選手不用每天進辦公室就能賺大錢感到不悅。羅伯的成功也帶來滑板界以外的更多機會，他現在掌管了在許多行業都有所獲利的帝國，一大堆雜七雜八的事也接踵而來。在衆多事物的干擾下，他對滑板的熱情與精進技能的決心開始衰退。

他接到要求，與DC職員開會，對方在桌上遞給他一份爲期兩年的合約，上頭假定他的職業運動生涯將在二十五歲結束：「羅伯，我們認爲你的巔峰時期已經過了，但是設計團隊永遠會留個位置給你。」

羅伯感到沮喪，因此出發去尋找答案。他對人生感到質疑，並試著了解自己眞正的人生目標。探索的過程帶領他來到聖地牙哥北邊的拉霍亞，在此認識了臨床心理學家與巔峰表現指導師：喬治・普拉特醫師（George Pratt），由此所帶來的啓發遠超過這位滑板選手所預期。

與普拉特的談話幫助他發現自己缺乏眞正的人生目標，並顯露他下意識地感到自己不值得成功。普拉特指出，偶一爲之的創業活動其實是試圖在找尋源源不絕的熱情與能量來源，爲羅伯貌似無可限量的雄心壯志提供燃料。兩人重新釐清羅伯的處境、想出一個計畫，讓他重新回歸團隊，只爲了一個目標——證明他的反對者大錯特錯。

重讀《思考致富》，將成功法則內化成習慣

羅伯排除了無法專注於滑板技藝的所有干擾：不健康的生活型態、臨時上門的商業利益，以及僅僅仰賴天生才能而不再有目標感的自我鍛鍊。他也重拾六年前首次閱讀的《思考致富》，並著手將成功法則內化成習慣。

藉由對這項運動新的目標感和重新燃起的熱情，羅伯的職涯攀升到新的高峰。與ＤＣ的對話雖然令人沮喪，但也觸發了讓事業一日千里的連鎖反應。在這番過程當中發展出來的自我意識，讓他明白了自己到底需要什麼，才能在滑板、辦公室與人際關係等各個層面的表現臻至最高水準。最重要的是，他學會了**該如何變得快樂**。

這十年來，隨著同儕相繼退休，羅伯繼續在滑板文化中扮演著重要角色。他在ＤＣ陸續擁有二十九款簽名鞋，銷售量高達數百萬雙。他的個人品牌不斷成長，成功打進主流媒體，

更在三十六歲生日之前創作並主演了三部熱門電視節目：《羅伯與畢格》（*Rob & Big*）、《夢幻工廠》（*Fantasy Factory*）與《惡搞現場》（*Ridiculousness*）。他也爲《滑板小子》（*Wild Grinders*）系列動畫擔綱創作、製作與配音，並密切參與許多電玩開發工作。

創建媒體帝國，協助年輕企業家建立成功地圖

二〇一〇年，羅伯創辦了街頭滑板聯盟（Street League Skateboarding，ＳＬＳ）國際系列競賽。除了提供滑板運動史上最豐厚的現金獎賞外，聯盟也希望提升主流社會的接納度，以鞏固滑板運動的地位，成爲正統的全球體育運動。這次創業大獲成功，現在已經被視爲滑板界的主要賽事，並透過電視播送到全世界。

爲了充分利用媒體帶來的機會，羅伯盡可能學習如何在這項新事業中運用正確策略，以獲取最大的長期收益。他領悟到垂直整合（製作、贊助商及收視權）將不斷提升他的影響力，並且在每個作品完成後帶來符合他崇高志向的可觀金流。時至今日，他的媒體事業仍持續以近乎貪婪的速度擴張。

在羅伯的事業版圖中，他最大的榮光當屬戴德克集團（Dyrdek Machine），這間創投公司成立於二〇一六年，旨在加速草創企業的發展。羅伯花了多年時間將集團籌畫到位——汲

取自己的人生經驗，並與他所能找到最聰明的夥伴合作——幫助他所投資的個人與企業獲得成功，協助創業者的顚覆性新創事業站穩腳步。

羅伯談到自己充滿熱情的計畫時如此說道，「我們認爲所有能夠獲利、永續經營並富有意義的企業，都具備相仿的基本營運、品牌與財務系統，而我們將這些系統彙編成一門學問。其中的門道在於找到合適的人群與概念，並將兩者相結合。」

對於這位總是放眼更宏觀視野的人來說，協助下一代企業家建立成功地圖，是他引以爲傲的使命。了解商業巨擘的投資期望看似複雜（與他合作的個人與公司必須說明他們如何實現戴德克集團網站上列出的九十九條眞理），然而，能成功吸引他的人，主要必須滿足兩項簡單的特質：對生命的熱情，以及無懈可擊的計畫。

四十二歲的羅伯．戴德克在比佛利山莊的高樓層豪華公寓辦公室工作，坐擁能三百六十度欣賞全世界最迷人城市的視野。他認爲《思考致富》是他在人生中持續成長的重要關鍵，直到今天仍反覆閱讀。爲了保持生活和諧，羅伯專注於三件事——從事他所相信的投資事業、致力在商界攻城掠地，以及爲他朝氣蓬勃的家庭創造愛的平台。

這套人生規畫（他稱之爲自己「人生劇本的節奏」）讓羅伯保持源源不絕的精力，也是他認爲自己最大的成就。他建議，「打造讓自己處於最佳狀態的宇宙、充滿活力地度過每一天——最重要的是活得快樂。這才是終極的自由。」

破億驗證・成功法則⑥

條理分明的計畫

將渴望化爲具體行動

人們並非因為知識而獲得報酬，

而是透過運用知識來獲取回報。

——拿破崙・希爾

破億驗證・成功法則⑥

條理分明的計畫

條理分明的計畫，能將渴望與想像力的能量轉化為強大的實際力量。所有遠大的成就，都是許多人為了實現明確目標而努力共同協調所達成的。

不要混淆「個人的成功」與「個人為了成功而付出的努力」，因為若想要成功，得靠著確信自己的最終目標、懷抱堅定決心的一群人，相互協調彼此的經驗、訓練、才能與想像力，並共同擬訂出無懈可擊的計畫才能達成。若缺少抱持同樣目標的其他人投入心力與支持，即便最天資聰穎之人也無法躍升至崇高的境界。謹記這一點：為了實現永續的和諧與生產力，你必須向最能夠對你伸出援手的人清楚展現自己所能提供的價值，作為他們助你一臂之力的回報。

你可以把人生中的不足歸因於實現目標的計畫不力。不斷從經驗與眾人身上學習，以建構出最傑出、最詳細也最具體的計畫，但有個必要條件：**不要等待**——永遠沒有所謂付諸行動的正確時機。只要抱持正確的心態，你將會在路途中獲得需要的一切。

在這趟旅程中，你將會遭遇逆境與暫時的挫敗——這點無庸置疑。然而，如果你的計畫看似無用，就用能夠引導你實現熱切渴望的新計畫來取代。在獲得成功之前，請善用第八項成功法則「毅力」，根據你的需求，盡可能擬定條理分明的計畫，而且別忘了，每個注定失敗的計畫都源於一開始欠缺妥善的準備。在你最黑暗的日子裡，想想這件事就能稍稍釋懷：幾乎每筆巨大的財富都是在付出近乎毀滅的代價後才得以實現。

世界上的人分成兩種：領導者與追隨者。如果你希望在自己選擇的領域中成為權威，就必須善用想像力獲得創造性思維，並將其引導至條理分明的計畫，藉此將生生不息的繁榮與契機吸引到你的人生中。然而在剛起步時，別貶低了作為**優秀追隨者**的重要性，因為這通常是成為強大領導者最可靠的途徑。

單憑一己之力構思的計畫就像沒有船身的帆。即使是最天馬行空的想像力，也無法與有可能引導你邁向勝利、既明確又實際——與才華洋溢的人群所共同打造——的計畫相提並論。

口吃的百萬富翁

——英國頂尖財富顧問德瑞克・米爾斯

德瑞克・米爾斯（Derek Mills）倒抽了一口氣，震驚的消息令他幾乎無法呼吸。鄰居不斷說，「你母親過世了。」德瑞克瘋狂地在心中告訴自己，「這是夢、是做夢，只是一場夢。」試著說服大腦來阻斷這番痛苦。

這天夜裡，年僅十三歲的男孩用最快的速度爬上床並閉上眼睛，祈禱著隔天早上母親同樣會擁抱著他，告訴他一切都沒事。但對於德瑞克、他的父親與六名手足而言，母親眞的走了，他們的生活從此改變。

喪母的悲痛，造成口吃

這名少年的震驚反映在他的說話能力上。

葬禮結束後，回到位於英國伯明罕郊區的學校，老師要德瑞克從傳閱到手上的書中朗讀一段文章。在同學的凝視下，他掙扎了幾分鐘都發不出聲音，接著脫口而出，「念……念……念不出……出來。」他痛苦地低下頭，耳邊聽見同學模糊的笑聲與竊竊私語。身為學校裡少數的黑人孩子，他已經習慣當個邊緣人，但在遭逢悲痛的失親後，他對所有人都避而遠之。來自各方的殘忍嘲諷——尤其針對他的語言障礙——嚴重打擊了他的自尊。

口吃陪德瑞克度過整個高中，也跟著他上了大學（他念的是工程學系）。第二個學年，德瑞克休學了，因為他明白了一件事——他不想成為工程師。德瑞克最後到社會服務部門擔任公務員，由於受過的教育與經驗有限，他被任命為文書主任，也是組織中第二低的職等。然而，他對穩定的薪水、相對輕鬆的政府角色與相應的退休金感到滿意。但在一年後，他因為在工作中不斷犯錯而與上司關係緊張。他回想，「我在這份工作中的表現很差，在十八個月內成為組織中唯一被降職為文書助理的人。」

之後德瑞克搬到城裡，成為壽險、儲蓄與退休金商品的實習銷售員，收入完全仰賴佣金。因為必須面對更多客戶，他的語言障礙根本藏不住，但這番處境反而成為優勢，因為大家都需要更靠近他，也因此會更仔細聆聽他所說的話。只要設法達成一些交易，他至少還能夠保住工作。

第二次學習說話

某天，老闆問這位二十五歲年輕人能否協助公司當天的招募活動。他說，「我只需要你在隔壁房間跟候選人聊聊天，自我介紹並為公司稍做簡介，接著就歡迎我進行簡報。」退縮的德瑞克鼓起勇氣走進房間，立刻見到十五雙直盯著他的眼睛。當他試著向年輕好手開口，汗水從他身上每個毛孔中泉湧而出。他努力吐出幾句話，焦慮使他的口吃加劇。經過幾分鐘的痛苦時光後，德瑞克便暗示老闆進場並退回自己的辦公桌。

一個月後，他的桌上出現一封信，來自稍早前來面試的一位年輕女性，信上寫著，「德瑞克先生，我曾向你任職的公司求職，職位是實習經紀人，但我並未錄取。」在提及自己極可能遞補之後，她的話鋒轉向德瑞克。「你說的話模糊不清，根本沒人聽得懂你說的任何字，真不敢相信我在有員工連話都說不清楚的公司裡居然找不到工作。」感到屈辱的德瑞克強忍淚水，深怕在同事面前丟臉。他把信揉爛丟棄，隨即深思自己的處境——有個內在的聲音悄悄地說，或許這次經驗能帶來收穫。他心想，「寫這封信的女性說得很正確，我確實連話都說不好，但這一切即將改變。」德瑞克・米爾斯準備在人生中第二次學習說話。

連續十四週的星期一，德瑞克都會參加由卡內基訓練（Dale Carnegie Training）主辦的演說課程。最後，他的頑強獲得了回報，獲頒「進步最多」的殊榮，他笑了，「畢竟我原本就是後段班啦！」隨著口語能力提升，他也恢復了對生活的熱情。在六年的時間裡，透過剛毅的心智與在演說課程中學到的技巧，他的口吃完全消失了。然而，下一場戰鬥才正要開始。

不斷讓步的人生

到了三十多歲時，儘管他在金融服務業已經擁有豐富資歷，行為舉止也更有自信，但帳單似乎也累積得愈快愈多。他想讓妻子與四個孩子過上富足的生活，卻為了維持生計辛苦奮鬥。為了增加收入，他的工作時間變長，對每個客戶的要求不斷讓步——無論是在深夜約見，或只為了一次會面花上好幾個小時的路程。他留給家人的時間變少了，帳單卻絲毫未見減少，身邊的人際關係也隨著壓力而出了問題。德瑞克的汽車里程表已經跑了三十二萬公里，需要頻繁維修。更糟的是，當他愈努力，生活就愈辛苦。

某天德瑞克在辦公室埋頭苦幹時，電話響了。妻子擔憂地說，「德瑞克，家裡來了一些法警，他們今天還不會查封房子，但如果我們在七天內還沒法付清帳單，房子就沒了。」

德瑞克吹噓地說：「交給我吧，親愛的。我會搞定。」

「好。」妻子回答，「你還記得我父母要從愛爾蘭來訪嗎？」

「當然記得。」

「嗯，他們已經到了——跟法警一起。」

德瑞克掛上電話。他回想，「當時的我覺得丟臉極了。」

情況愈來愈糟，直到二〇〇三年，這位情緒低落的理財顧問——新的業務收入在公司內位居第一千兩百名——終於被逼到臨界點。又是個從早忙到晚的日子，晚上九點半，保全警告他很快就要鎖門了。「再給我十分鐘就好。」德瑞克嘆了口氣。三十八歲的他翻遍檔案櫃裡的客戶資料夾，尋找任何能帶來業績的機會。保全再次走近，德瑞克懇求道，「再兩分鐘。」

「你早上幾點進來的？」保全問。

「八點。」德瑞克回答。

當保全拖著步伐走遠，沮喪的德瑞克心想，「我早上六點就起來了，七點上路，八點進公司。現在已經將近晚上十點，等我到家都要十一點了。這種生活持續了很多年，我與家人疏離、長時間工作，卻拿不出像樣的成果。」惱怒的他用盡全身力氣甩上檔案櫃門。

他內心傳來一陣聲音，「這不是你的人生，你不該如此。你並不快樂，因爲那不是眞正的你。」德瑞克思考成功人生的意義到底是什麼。

設定行事準則與底線，邁向成功人生

就在那一刻，他明白自己需要設定每天的行事準則並確實遵守，一次以一天為單位。他抓起一張紙，以真實的自我為出發點，寫下成功人生的所有標準：每天早上送小孩上學、每週接小孩放學三天、週末不工作，以及每天運動來保持健康。德瑞克甚至會**設定客戶的條件**：他們的收入、他們的資產、拒絕夜間會見、只約在他的辦公室見面，而且客戶還必須是好人。他把每個部分標上顏色，列在一大張紙上，再複製成好幾份，分別製成塑膠板。

隔天，德瑞克將其中一塊塑膠板交給妻子，表示她的丈夫已經煥然一新。他也把另一塊板子拿給孩子，說他們有一位全新的老爸。他還把另一塊板子貼在冰箱上。這不僅僅是目標，而是每天的行事準則，只要規律恪守就能為他帶來生命中所想要的一切。「因為我**下定決心**成為這種人，所以我立刻快樂起來。」德瑞克說，「我的快樂與未來的成就無關，而在於奉行我的日常生活規範。」

當德瑞克安頓自己的新生活時，他注意到大家開始與他建立更多聯繫。他捨去了挫折感來源的九〇%客戶，也了解自己會在短期內陷入財務困境，但有信心一切將隨著時間好轉。一年之內，他的收入增加了五〇%；隔年，收入增加了一倍；接著在二〇〇五年，收入再次倍增。到了二〇〇六年，德瑞克已成為百萬富翁——做著相同的工作，也坐在同一間辦公室。在三年之內，他獲評爲公司內業務收入績效最好的員工之一，並被拔擢爲資深合夥人。他的新觀點讓收入增加了十倍，且工作時間還不到從前的一半。

幫助人們發掘隱藏的真正天賦

對於新生活胸有成竹的德瑞克出版了暢銷書《十秒哲學》（*The 10-Second Philosophy*），幫助人們發掘內在隱藏的眞正天賦，也開始指導高階主管，讓個人與職業生涯中的成功與幸福接軌。德瑞克．米爾斯仍繼續從事英國頂尖財富顧問的工作，只是現在的任務獲得了更大的授權。曾因爲語言障礙而被人取笑的喪母男孩，如今環遊世界各地，以他充滿希望的訊息激勵著不同背景的聽衆。而德瑞克更棒的身分，就是身爲妻子與四個孩子愛意滿溢的丈夫與父親。

過去十五年來，德瑞克．米爾斯證明了聆聽內在的聲音並奉行每天的行事準則，將爲人生的不同層面帶來幸福與繁盛。

華爾街之狼的啟示

——成功上癮創辦人喬爾．布朗

砰！

喬爾．布朗（Joel Brown）覺得臉上挨了一拳，門牙同時應聲碎裂。這記重擊讓他摔倒在地。

但感覺起來並不只像是被拳頭打到。

經過幾秒鐘重整思緒，他抬頭一看，眼前站著多年來不斷嘲諷自己的人。惡霸等待眼前的受害者站起來，打算繼續動手。喬爾看著對方眼中的怒火，但一抹反光轉移了他的視線，那突如其來的一拳原來是透過手指虎砸在喬爾的下顎上。

隔天，十六歲的喬爾在家中休養時，回想事態爲何會發展至如此地步。幾年前，他看見一些同學（比較喜歡念書、體重過重或有外國血統）不斷受到校園惡霸的霸凌。喬爾天生就鄙視任何形式的不公義，決定出手干預，希望能爲覺得上學活像是人間地獄的同學減輕負擔。他因此成為下手目標，但他很有自信，自認為應付得來。

鄙視不公義，在音樂中重拾自信

隨著歲月流逝，喬爾已能熟練地忽視言語攻擊與持續不斷的嘲諷，但這番暴力程度已超出他所能容忍的範圍。最後，對高中生涯幻想破滅的喬爾在音樂中找到慰藉。這趟旅程引導他在二十二歲時進入當地的廣播電台，他的機智、對嘻哈音樂的熱愛，以及對音頻製作工程的知識讓他有了自己的廣播節目。喬爾看見這個發光發熱的機會，盡可能鑽研了網路行銷與推廣的一切，希望幫助他的新節目邁向成功。孜孜不倦的努力反映在收聽率上，他的節目也被移到了黃金時段。

比以往更加鬥志高昂的喬爾，聯絡了美國幾家主要唱片公司（大西洋唱片、索尼唱片與國會唱片），得以與某些最受矚目的嘻哈歌手代表談話，有時還能與歌手面對面。

在喬爾這間廣播電台工作的兩名ＤＪ正投入自製音樂。喬爾看見了讓事業成長的機會，便問道，「如果我能把你們的作品交給這些美國歌手，讓他們在音軌上使用，我是否能從中獲利呢？」他們同意了。喬爾．布朗在一夕之間成為音樂經紀人。

帶著與以往的成功所帶來的動力與無懼，他與在美國的聯絡人交談，並透過電子郵件傳送一些他們可能感興趣的作品。最後，他們的音樂傳到銷售突破百萬張的白金唱片嘻哈歌手提潘（T-Pain）與他得了十二次葛萊美獎的製作人手中。喬爾代表他的歌手與叛逆搖滾（Rebel Rock）——大西洋唱片分公司——簽訂發行協議，飛往蓬勃發展的嘻哈音樂產業中心邁阿密，展開爲期兩年的工作。

追隨自己的熱情，告別音樂界

儘管音樂是喬爾的夢想，但這一行除了鏡頭上的光鮮亮麗，還有更多眉角。大型企業中的官僚體制，意味著凡事都必須跨過層層的認可與關卡。喬爾渴望擁有憑直覺行事的自由，他的企業家精神開始壯大。好像有哪裡不太對勁。他小時候讀過某本書，其中有段話多年來一直在腦海裡打轉：**你不需要為了錢工作，你可以讓錢為你工作**。

一時興起的喬爾告別音樂界，訂了一張回到故鄉澳洲珀斯的機票，那是個遠離邁阿密喧囂的世界。飛機午夜降落在舊金山，但是由於起飛誤點的關係錯過了轉機航班。他躺在旅館房間裡，瘋狂的景象與疑惑在腦中不斷穿梭。電視上突然傳來洪亮的聲音：「你必須跟隨自己的熱情，不要安於現狀！」這個聲音的主人是心靈成長界的傳奇人物安東尼．羅賓（Anthony Robbins）。對喬爾來說，這感覺就像是宇宙暗示他做出了正確的選擇。

華爾街之狼教他的一課

喬爾回到珀斯，蒐羅了能找到的每一本自我成長書籍，從拿破崙・希爾到傑克・坎菲爾（Jack Canfield）的著作都不放過。在他降落後的第二天，有家銷售公司提供他負責推銷電信方案的工作。喬爾知道這不符合他的期望，但是他下定決心要盡力做到最好，同時也要找到眞正想做的事。

他透過閱讀掌握了運用銷售策略獲得顯著成效的訣竅。九個月後，身爲全公司最頂尖的銷售員，他受邀參與《華爾街之狼》作者喬登・貝爾福（Jordan Belfort）所舉辦的銷售培訓活動。喬登的過去多采多姿，而他如今的使命已轉爲教育大衆如何有職業道德地銷售商品。

喬登要求一名志願者與他在小組面前合作示範，喬爾走上前去。喬登要他寫下三件事：

- 你擅長什麼？
- 你熱愛什麼？
- 你想爲世界帶來什麼解決方案？

這是喬爾自高中以來第一次被要求在紙上動筆寫字，他仍舊對此感到厭惡。喬登堅持說：「這些問題之間存在著你所能想像到最重要的交集：**目的**。把這項目的建構在你的潛意識中，宇宙將爲你開路，讓你實現目標。」

喬爾回答了這些問題，接著擬訂一套十年計畫，囊括了他想要的一切——他所能想到最瘋狂的渴望。隨後，他對目標進行反向工程，寫下要在第九年達到第十年目標所需要的條件，接下來再往回來到第八年，一直寫到第一年爲止。

喬爾．布朗在人生中首次明確了解自己想要什麼。更棒的是，達成目標的詳細藍圖已經在他手上。

在沙漠中實現夢想

他打算建立名爲「成功上癮」（Addicted2Success）的網站，目標是更大規模地打擊不公義行爲，使世界各地的人得以不受生活周遭的負面影響所牽累，過著夢想中的人生。

喬爾表示他的成功指標是獲得一千萬人次觀看，並希望在十年內達成，這對目前還不存在的網站而言是相當大膽的目標。

起初，他找了一份能夠帶來更大、更可靠收入的工作，好讓他得以展開這項新計畫：他搬到了西澳大利亞州的沙漠，在此協助重新安置妨礙大型建設項目推行的動物。這種生活相當辛苦，必須在華氏一一五度的高溫（攝氏四十六度）工作十二個小時，並且在世界最偏遠角落所搭建的臨時小屋裡睡覺。

營地裡的每個人幾乎都不斷談論自己有多麼痛恨人生、自己的生活多糟。為了避開這些負能量與僵化心態，喬爾會坐在車裡，聽著他最喜歡的自我成長領袖所發行的錄音。輪班結束後，他便埋首於成功上癮網站上的工作，讓網站順利上線並吸引來自世界各地的訪客。

過了十五個月，在網站流量與廣告收入的穩定成長下，喬爾告訴老闆：「這裡的工作耗費我太多時間，我要走了。」離開營地時，這位二十五歲青年打定主意：他永遠不會再找朝九晚五的工作。

用五年達成十年計畫

在展開成功上癮旅程的五年後，喬爾．布朗離他的十年計畫目標只差最後一步——在與安東尼．羅賓相同的舞台上講話。他打算在幾個月內達成這個目標。今天，喬爾成為播客頻道的主持人，聽衆人數超過百萬，在社群媒體上擁有兩百萬觀衆，他的網站更有超過一億的不重複瀏覽人次。

二〇〇六年，他與「鉛筆的承諾」（Pencils of Promise）基金會合作，在寮國建立一所學校來幫助貧苦孩童。❶除了提供當地最缺乏的資源與教育素材，學校也教育孩童，他們的視野決定了世界的樣貌——他們的成功在本質上與自己的想像力密切相連。

在喬爾．布朗持續不懈的專注之下，他只花了一半的時間便達成了十年計畫。

❶「鉛筆的承諾」為非營利機構，致力在開發中世界創辦學校並提升受教機會。

破億驗證・成功法則⑦

決心

克服拖延的祕密

告訴全世界你想做什麼。
但首先，展現你的企圖心。
——拿破崙・希爾

破億驗證・成功法則⑦

決心

在原版的《思考致富》中，希爾指出他親自採訪的五百位成功人士，都是先迅速下定決心再逐步進行修正。確實，歷來奠定成功的主軸，都是像將木樁打進地面般果斷地向宇宙宣告意圖，然後不惜一切代價，加以捍衛。

想要正確地理解「決心」，可以檢視它的反面：拖延。藉由觀察自己在閱讀本書各章後所採取的行動，就能測試你的決策能力。你是否積極地將資訊導向具有創造力的效果，也就是朝著明確目標，採取立即且實際的行動？

億萬富翁歐普拉在職業生涯早期，曾被貿然拔去電視新聞主播的位子。歐普拉拒絕讓失敗定義自己，篤定決心留在媒體業。隨著時間過去，她培養出專業能力，最終有了自己的節目。《歐普拉秀》已持續播出二十五季，依然是美國史上最受歡迎的脫口秀。歐普拉認為：「無論你是誰或來自哪裡，你永遠都具備成功的能力。」如果她早早聽從主管的意見，相信自己不適合電視圈，放棄夢想，這世界將失去這個時代最偉大的慈善家。

親近之人所提供的忠告到底會幫助或是妨礙你的任務，只有你能決定，務必謹慎釐清不同意見的優先順序。將你內在的聲音擺在第一位，因為你是唯一能夠讓自己的渴望真正完全實現的人。其次，聽從智囊團的智慧（詳見成功法則⑨），能使你的能力與影響力加成。這兩個穩健的意見來源再怎麼強調都不為過。

決定忽略誰的聲音也很重要。總會有人試圖將負面武斷的想法強加在你身上，你必須迴避這些意見。耳根子軟、很容易被說動的人欠缺屬於自己的渴望。決定你想要的目標，然後盡力實現。

成功複製拿破崙・希爾的傳奇

——成功學之父的後人詹姆士・希爾

詹姆士・希爾（James Hill）覺得自己漫無目的、沒有目標。他的青春期就像是為了趕快成年般瘋狂衝刺——為了享受凡事都能自己做決定的自由，他急切地想要獨立。但他發現成年後唯一的收穫，就是必須承擔做決定的後果。

祖父拿破崙・希爾的禮物

在職涯前途有限的情況下，詹姆士在二十一歲時被徵集加入海軍陸戰隊。與以往低技術、低收入的工作相比，顯然是往前跨了一大步。比同袍大幾歲的年紀，意味著眾人會本能地將他視為頭頭。這種姿態加上堅定的職業道德與頑強的好勝心，使詹姆士不斷受到提拔，年僅二十三歲就升上中士。儘管詹姆士在部隊服役相當愉快，還是渴望找到方向——覓得人生目標。

詹姆士這輩子不斷聽見祖父拿破崙·希爾的名言，家中這位名聞遐邇的傳奇人物顯然是史上打造最多百萬富翁的人（編注：拿破崙·希爾素有「百萬富翁的創造者」稱號），但他從不了解這是多麼偉大的成就。

儘管童年時曾與祖父書信往來，但詹姆士最後一次當面見到拿破崙·希爾是在十幾歲時。當時拿破崙·希爾送給他一本《思考致富》，書名頁上還有翡翠色的墨水簽名。在詹姆士接過書之前，祖父透過他的招牌眼鏡注視著孫子的雙眼，說送他這本書只有一個條件：「答應我，你會讀這本書。」拿破崙·希爾接著說，「仔細地讀，你就能擁有你所渴望的一切。」回憶是如此鮮明，但詹姆士·希爾回想起來，當時自己對用來充當書籤的十美元鈔票還比較有興趣。他不禁想知道祖父今天會如何看待自己調皮的孫子。

不幸的是，他在一位同樣不快樂的女子身上看見自己的影子，兩人開始約會。詹姆士感嘆他倆的處境——沒錢、沒文憑，又與家人斷了聯繫，並提到祖父似乎精熟於經過驗證、確實有效的成功祕訣。他把從祖父、也就是作者手中得到的《思考致富》借給這位女子，兩人卻在幾週後分手——這本書他永遠都拿不回來了。

心態買不到，只能靠自己創造

分手隔週的週五晚上，沮喪的詹姆士走進南卡羅萊納州博福特的地方超市，拿了一手啤酒（他週末的消遣）站在收銀台前，正排隊等著結帳時，某樣物品吸引了他的目光。一整堆《思考致富》就擺在他面前的書架上，距離不過一個手臂。印著肖像的書封勾起無數回憶：祖父在他幼時寫來的信、祖父為書本簽名的日子，最後想起自己對祖父的書多麼粗心，深感自責。「是該好好彌補了。」詹姆士心想，從超市書架上抽出《思考致富》。

二十三歲的詹姆士當天整晚待在家中，決定從頭到尾把書讀完。雖然他樂於閱讀並堅持在所有引起共鳴的段落上畫線，卻無法挖掘出任何能立即改變人生的巨大奧祕。詹姆士確信自己一定錯過了什麼，隔天又重讀一遍。

再度琢磨於字裡行間，以下這段話吸引了他的注意：

> 假如你現在無法或拒絕索求富饒的生活，沒有任何藉口能使你免除責任，因為承擔這份責任只關係到一件事——而這偏偏正好是你唯一能夠掌控的事——那就是「心態」。心態是一個人所做出的假設。心態買不到，只能靠自己創造。

隨著繼續閱讀，詹姆士深覺自己在其他層面也有所不足。「明確的目的？強烈的渴望？見鬼了，我連目標都沒有。」他當時對自己的心態是這種反應。

當詹姆士一一讀過「五十七個拒絕成功的藉口」時，看見了自己多年來掛在嘴邊的話。他明白這些開脫的藉口根本不成立，因爲成功者可用的資源其實更加稀少，他們手中最強大的唯一利器就是：掌控自己思想的能力。

「在我第二次閱讀《思考致富》時，我發現我早已擁有成功的祕訣。」詹姆士說，「這是一切的關鍵——財務自由、人際關係、幸福——可以用來實現任何有價值的事物。任何人都辦得到，我也辦得到。總歸一句話：由我做主。」

列出夢想清單，擬訂實現計畫

承諾做出改變的詹姆士拿起筆記本，寫下若想擁有引以爲傲的人生，就必須懷有接受這一切的信念並致力於此。他將想要的一切列成清單，就算天馬行空也無所謂。清單上不拘一格的事項受到他幼時沉浸的科幻小說影響，包括成爲太空人、醫生、飛行員、天體物理學家、警察與牛仔等，以及完成學業。掃視過清單後，他發現有些願望在自己的環境中根本沒機會實現——他刪掉「太空人」，因爲他沒受過相關教育或訓練；也劃掉「醫生」，因爲他沒上過相關課程，也沒有錢念醫學院。

清單上大部分的項目被劃掉後，他盯著一項找不到任何藉口的目標——完成學業。詹姆士說，「我不知道這是否正確，但至少下了決心要做某件事。如果你無法為一件事下定決心，你將永遠做不出任何決定。」

這個想法令他膽戰心驚。他將記事本翻頁、擬訂實現目標的計畫，接著興奮地付諸行動——僅僅是著手執行任務就帶給他一直以來所渴望的目標。

念大學需要不少錢，詹姆士明白他需要海軍陸戰隊的獎學金。他搜尋資料發現，或許能透過海軍徵募科學教育計畫拿到這筆學費。為了獲得獎學金，他需要在大學的學術水準測驗中拿到好成績，因此他給自己一年的時間來完成。

練習測驗顯示他的學業表現尚有不足。為了鞏固自己的候選人資格，他到社區大學修習代數與三角學課程，並透過函授研讀不需做實驗的化學課程。當他未以海軍陸戰隊身分執勤時，就是在念書。任何無法幫助他達成目標的事物，他都堅定地加以迴避。

當他參加學術水準測驗考試時，成績猛然竄升——他的努力與紀律獲得了回報。詹姆士在一九七四年錄取美國頂尖的范德比大學，研讀工程學，並由海軍陸戰隊提供全額獎學金。更棒的是，詹姆士的上校與教授商討如何密集安排這位年輕海軍陸戰隊員的課程，使他比同儕提早六個月完成修業。一九七八年，他實現了完成學業的目標，並以優等生的身分畢業。

不願嘗試才會造就真正的失敗

但詹姆士並未就此打住。他前往佛羅里達彭薩科拉報名海軍飛行員訓練，當年他三十歲，比一般申請人大許多，但他獲得年齡限制豁免權，順利錄取。他的性向測驗與空間關係測驗成績優異，獲選推薦駕駛噴射機。然而，為了成為優秀駕駛員，他需要在「多工任務」排名前一％：能夠在不同頻率間進行通訊、監看高度計、使用方向舵平衡各機翼、保持機頭穩定，還有其他更多責任——所有工作同時進行。

為了完成這些任務，詹姆士嘗試讓思想與身體脫鉤。「我會帶著籃球走進車庫，一邊運球一邊繞著椅子跑；或是帶著網球或高爾夫球，一邊拋接一邊跑上八公里，同時背誦飛行程序。」

他在飛行員培訓期間接到一通電話，表示美國武裝部隊每個支隊都要派出兩人接受訓練，以成為太空梭計畫的任務專家——詹姆士受命成為海軍陸戰隊代表。這六年來，他從漫無目的到取得工程學學位、駕駛飛機與直升機，並提名飛上外太空執行任務。❶令人驚訝的是，這些全都列在他所希望實現的人生目標清單上。

❶太空梭計畫最終擱置，雖然只是一場夢，但詹姆士仍然因為曾獲提名而感到榮幸。

在飛行員培訓並經過坦率的反思後，詹姆士覺得自己沒有能力在新的道路上獲得出色表現，因此歸建海軍陸戰隊繼續服役。然而，這六年的旅程是他人生中最輝煌的階段，也幫助他明白只有不願嘗試才會造就眞正的失敗。

持續解鎖人生成就

一九九五年，詹姆士以營執行官的身分派駐夏威夷，負責號令八百名海軍陸戰隊。在服役二十六年後，他再次發現自己身處十字路口：他要接受到日本沖繩的最後一次派駐命令，或是就此退役？

詹姆士參加了一場雞尾酒會，有位醫師問道，「你在加入海軍陸戰隊之前有什麼目標？」

「你相信嗎，醫師，我其實想要當醫生！」詹姆士回答。

「這個嘛，還是可以啊。」

「什麼意思？」

「法律規定不得有年齡歧視。」這位醫師接著說，「我的住院醫師課程還有位五十多歲的女性，如果你想投身醫界，一樣沒問題。」

在四十七歲申請醫學院對詹姆士來說簡直荒謬，但他還是考慮了一下。他寫信到五所大學，提到自己具有學術競爭力，並要求根據他的年齡與背景誠實評估候選資格。其中一所大學回信鼓勵他申請，理由是有軍事經驗的醫學院生具備成爲優秀醫師所需要的紀律。他與妻子坐下來仔細衡量這項決定。

幾個月後，他錄取了西維吉尼亞大學醫學院。正如過去所做的，他概略列出能讓目標實現的計畫並徹底執行，也像多年前拿著願望清單一樣，在決定採取行動時依舊感到膽戰心驚。二〇〇一年，五十三歲的他終於從醫學院畢業。

雖然詹姆士·希爾與祖父之間幾乎不存在實質的情感，但他運用拿破崙·希爾的智慧徹底跨越自己的困境，在他最需要的時候，這份智慧猶如指引明燈。他說，「這本書……改變了我的一切，改變了我的人生。」

如今，詹姆士·希爾醫師在美國退伍軍人事務部任職，實現了童年的夢想。他與妻子收養了兩個孩子，這項決定來自醫學院課程期間在小兒科輪班時受到的啓發；他也並未放棄前進外太空的探索之旅。

成爲熱情企業家

——全球頂尖播客社群創辦人約翰・李・杜馬斯

二十一歲的約翰・李・杜馬斯（John Lee Dumas）檢查了背包，確定當天要用的課本都帶了，接著把背包甩到肩上、走出宿舍大門。在羅德島的普洛威頓斯大學，這天只是另一個平凡的星期二。

大學對約翰而言是跨出舒適圈的一大步。他在緬因州某個寧靜的鄉村小鎮長大，在高中畢業前，申請了（也確實獲得）儲備軍官訓練課程獎學金，足以全額支付大學學費，還包括一筆日常開銷津貼，並以美國陸軍軍校生的身分受訓。約翰希望這條路能讓他念書、旅行、爲世界帶來改變，同時爲往後繁榮的企業生涯奠定穩固基礎。

大學環境使他接觸到前所未有的多樣性與學識上的刺激，軍隊的紀律（特別是日出操練）讓他大受震撼。儘管是他主動選擇了這條路，但畢竟這是大學生活，仍然常有派對讓他在疲憊又單調的排程中喘口氣。

九一一之後首批服役軍官

當他走過某位朋友的房間，他被叫了進去——所有人都盯著電視螢幕上如畫般美麗的曼哈頓天際線。鏡頭一轉，滾滾濃煙遮蔽了藍天。二〇〇一年九月十一日星期二，他永遠忘不掉的一天。

當晚，小布希總統對人民發表了談話，「我們的軍隊很強大，而且已經做好萬全準備。」約翰盯著電視，毫不懷疑美國將對歷史上最不共戴天的恐怖分子索討應有的正義。

往後幾天，約翰的軍官培訓中充斥著高漲的急迫感。儘管最近的畢業生大多在未曾實戰的情況下完成大學學業與隨後的軍事委任，但普洛威頓斯大學的候補軍官知道自己很快就要面臨考驗。突然間，他們更加認眞看待培訓課程——這將決定他們的人生。約翰和同學是九一一攻擊事件以來第一批畢業的服役軍官。

一年後，約翰被派駐伊拉克執行任務。伊拉克衝突歷史由來已久，造成權力眞空，並爲所有人類帶來巨大的威脅。身爲美國陸軍排長，這位二十三歲青年麾下負責十六位男性士兵與四輛坦克，與其他相同年紀、已經展開白領生涯的大學畢業生大相逕庭。

在爲期十三個月的旅途中，這位年輕美國人目睹了令人無法理解的殘酷暴行。對生性樂天的約翰來說，這段時間充滿深刻的考驗。在四起單獨事件中，都有排上弟兄在行動中遭到殺害，每次葬禮都令他滿心酸楚。他回想，「我盯著再也沒機會度過餘生的士兵。我永遠忘不了那幅景象。」

在遠行服役期間，約翰・李・杜馬斯遵循了即將爲他塑造未來的兩項法則：首先，他永遠不會將生活視爲理所當然；其次，他永遠不會對能力所及的一切感到滿足。

橫跨四座城市、歷時六年，只為找到人生使命

回到家鄉的約翰繼續在軍隊服役，直至完成四年合約。由於獲得儲備軍官訓練團獎學金又身爲現役軍官，他並不需要償還就學貸款，已然處於不太需要爲錢煩惱的狀態，但是他需要重新調整心態，便花了一年當背包客旅居世界各地。

二十七歲那年，他感受到應該找份傳統工作的巨大社會壓力。如果他期望獲得專業上的成功，眼前有四個選項：法律、金融、不動產或醫學。他進入法學院就讀，但感覺不太適合自己，只念了一學期就休學。因此，約翰搬到波士頓，在此找到理財方面的工作，卻又再度覺得自己不屬於這一行。某天他跳上車，從東岸一路開往聖地亞哥尋找機會。

約翰在加州的新環境享受著無人認識的自由，並專注在房地產界闖出名堂。他先嘗試了住宅不動產，接著轉移目標到商用不動產，但那熟悉的黯淡感再次浮現。雖然他的環境有所

改變，但其他方面並沒有太大變化。

儘管橫跨四座城市奮鬥了六年，只爲了尋找適合自己的職涯道路，卻沒有任何事能激發他的熱情。他想爲世界增添價值，但他就是沒有靈感。這位三十二歲的前軍官覺得自己一文不值。

唯一能束縛你的，是你的想像力

約翰沉浸在書海中，希望書本能指引他度過艱難時期。他在網路上搜尋了三項清單——世界上最棒的勵志書、世界上最好的商業書，以及世界上最啓發人心的書——接著把三項清單中的所有書名記下，上網訂購。由於沒有穩定的工作，他的財務相當緊繃，因此盡可能選購二手書。一箱箱的貨送到了，裡頭裝滿破爛又畫滿重點的書。他一頭栽進書海，自我開發之旅正式啓程。

那是段黑暗的日子，但書本幫助他明白，也許能在傳統職業之外闖出一片天，或許他不需要「認命」，跟其他人做一樣的事。他在這段關鍵時期開始了解有些事必須要做：唯一能束縛他的就是自己的想像力。如果想按照自己的意願獲得成功，就必須眞正相信自己的願望必將實現；且爲了實現願望，他還需要詳盡的計畫。

引信就此點燃。在閱讀了每則故事後，他想更了解較為特殊的成功個案——也就是在較少人走過的路上獲得成功的人。他開始在開車與慢跑時收聽有聲書，吸收更多的內容。隨著書籍花費不斷增加，他開始尋找以較低價格就能買到的同質內容。他找到播客這種有聲節目，可下載後透過電腦或行動裝置播放，目前已成為歐美許多製作人與商業領袖間的熱門免費產品。只要一有空，他就會盡可能收聽更多播客節目。最後，約翰開始感到興奮、正向，最重要的是能夠掌握自己的未來。

創辦播客節目，連提摩．費里斯都受訪

二〇一二年，他在迅速成長的播客目錄中搜尋每天都會分享成功企業家故事的節目。有許多節目每週、每兩週或每月更新一次，但就是沒有一週七天都更新的節目。「也許我應該成為開創這種節目的先驅，」約翰心想，「如果我會想聽，肯定也會有其他人想聽。」

在此階段，這位胸懷壯志的企業家還沒有主持播客的經驗。約翰從讀過的書中了解到，他人的影響在成功旅途中是多麼重要。他著手尋找兩位自己想要成為的標竿——成功的商業播客主持人。他聯絡了《成就百萬富翁》（*Eventual Millionaire*）的潔米・瑪斯特（Jaime Masters）與《播客智囊團》（*Podcast Mastermind*）的克里夫・雷文史克拉夫（Cliff

Ravenscraft），詢問他們能否指導他。兩人同意了，儘管成本高昂，最後卻成爲約翰所做過最棒的投資。雇用此領域的專家做爲私人教練後，很快就彌補了自己所欠缺的資訊，並爲他的新事業帶來成功的最佳良機。

在持續精進的過程中，約翰想要爲節目取個好名字——一個能夠對他的目標聽眾引發共鳴，並激發他邁向更高境界的名字。他知道他要做的這檔播客節目每天都會訪談商業領袖，所以名字裡必須有「企業家」。好記也很重要，但是必須傳達出本質——清楚表達節目的內容。

有天晚上在收聽《體育中心》（*Sports Center*）時，他聽見播音員說，「勒布朗·詹姆士（Lebron James）投進三分球，火力全開啦！」這下子，約翰·李·杜馬斯想到自己節目的名號了：《熱情企業家》（*Entrepreneur on Fire*）由此誕生。

接下來的難題是邀請名聲響亮的來賓到節目中受訪。約翰的導師潔米帶他參加自己主講的會議，介紹許多商界大佬讓他認識。

爲了成功，約翰需要詳盡的計畫，努力草擬著最初四十天的節目樣貌。約翰先採訪知名度較低的來賓，以建立對新事業的信心；在擁有一些經驗後，才開始瞄準大人物。

透過潔米在會議上的引介，約翰接觸到許多想採訪的人。他認爲寄出電子郵件後應該不至於音訊全無，或許還能找到一兩位大人物來上節目。的確，大夥兒都熱烈回信，也有許多人把節目當作推廣新書、新產品或新業務的宣傳活動。

四十集節目大多透過Skype通訊軟體錄製。錄製完畢後，他重新調整節目播出順序，好帶來最大的影響力。二〇一二年八月十五日，正是約翰排定的第一集播出日期，他突然驚醒並因自我懷疑而遲疑。「我憑什麼播出這個節目？」他默默想著，「沒有人會聽，每日節目根本行不通。」

過了五週，節目錄音依然默默存在硬碟裡。約翰延後開播的藉口是，想要等待完美的時機到來。最後，電話響起，「如果你今天還不播出節目，我就要開除你。」潔米．瑪斯特如此宣告。當天早上，這位來自緬因州的三十二歲前軍官首播了《熱情企業家》。

最初九十天的節目中囊括了各行各業的企業家與商業巨擘，包括賽斯．高汀（Seth Godin）、提摩．費里斯（Tim Ferriss）、蓋瑞．范納洽（Gary Vaynerchuk，被《富比士》評爲影響力第一名的社群行銷大師）與芭芭拉．柯克蘭。

三十二歲才起步的熱情企業家

在四年中，約翰的每日節目共播出一千六百集，收聽人次累計超過四千四百萬，全都來自於一個單純的使命——提供免費、有價值又始終如一的內容。《熱情企業家》這個品牌帶來超過一千萬美元的收益，更衍生出其他成功事業體。❷隨著聽眾不斷增加，約翰詢問眾人心中有哪些痛點，又為了哪些事情所苦。接著，他將要開創並提供能為聽眾服務、使眾人事業更上一層樓的產品。

二〇一三年，他創辦了《播客樂園》（*Podcasters' Paradise*），被譽為全球頂尖的播客社群。約翰將此當成平台，指導多達三千名會員如何開創、耕耘自己的播客節目並從中獲利。到目前為止，單靠這項企畫就產生超過四百萬美元的收益。他也開始利用群眾募資網站發行雜誌，告訴聽眾如何跨出舒適圈，為達成夢想中的人生邁出第一步。

每一次失誤都讓約翰更接近自己的目標，他現在將所有時間用來鼓勵大眾，無論年齡或其他限制條件，都可以改變自身處境，實現自己的熱情。約翰說，「我不過是個三十二歲才起步的企業家，而如今我是不折不扣的『熱情企業家』。你不一定要有與生俱來的天賦——你隨時都能掌握機會。」

---

❷自二〇一二年推出以來，便可在線上查閱《熱情企業家》的每月收入報告，作為幫助激勵企業家真正了解如何經營事業的工具，其中也包括企業的成功或失敗，網址 http://eofire.com/income。

破億驗證・成功法則⑧

毅力

喚醒信心的必要元素

財富回應的不是願望，

而是透過不懈的毅力、以明確渴望為後盾的確切計畫。

——拿破崙・希爾

破億驗證・成功法則⑧

毅力

毅力是邁向成功最可靠的途徑，好比半途而廢無疑是通往挫敗的途徑。贏家會尋找前進的理由，讓自己離榮耀愈來愈近。

美國海軍海豹突擊隊是全球傑出特種部隊，以下摘句節錄自部隊精神綱領，體現了毅力的法則：「如果被擊倒，我將重新站起來，每次都一樣。我將利用僅存的每一分力量保護隊友並完成任務。我永遠不會停止戰鬥。」

在風險最高的戰場上，堅持成功達成任務的人會實行妥善建構的計畫，無論在何種處境下，他們都拒絕屈服。

所有成就的起點都是渴望，但是否有毅力，則取決於渴望的**強度**。誠實的自我省思將表現出你堅持不懈的程度，而助長渴望的火苗將能補足短缺的毅力。

本書中的每條法則與故事都提供了獲得成功的線索與實際策略；同時，也要密切注意自己的身心健康。如果你在每日結束時缺乏成就感，或許你需要更健康的食物、更好的睡眠、更多的運動、更妥善的時間管理、更積極正面的朋友，或是排除會蠶食精力的干擾因素。永久的失敗背後不該有任何藉口。

美國塑身衣品牌Spanx創辦人莎拉・布雷克利（Sara Blakely）曾開車到北卡羅萊納州為她獨特的塑身內衣尋找製造商。這位二十九歲女性造訪許多間織襪工廠，解說自己的點子，看看對方能否協助製造，卻總是被拒於門外。莎拉堅持不懈，在當週剩餘時間內盡可能約見更多製造商。任務顯然以失敗收場，她只好回家想個不同的計畫來實現夢想。兩週後，其中一家工廠老闆來電，表示他將這個點子告訴三名女兒後，大受讚賞。有了毅力作後盾，只靠一個點子就讓莎拉成為世界上最年輕的白手起家億萬女富翁。

記住，**貧窮的意識會自動攫取尚未被財富意識占據的大腦**。任何產業中的領頭羊都了解這點，並給予自己獲勝的最佳機會。他們會堅持到底——即便短暫的失敗必須重新校正計畫，也不會輕言放棄。透過這項法則，便可將短暫的失敗打造成長期的勝利。

夢想堅持到底

——NFL職業足球名人堂四分衛華倫・穆恩

「穆恩……你**爛透**了！」總教練大吼著。

十一歲少年華倫・穆恩（Warren Moon）因為傳球被抄截已經夠懊惱了，但教練在全隊面前的這聲斥責讓他覺得說不過去，大大打擊了他的自尊心。他默默走下鮑德溫山球場，淚水奪眶而出；經過幾次深呼吸後，重新打起精神。男孩抱著鋼鐵般的決心，發誓要證明自己。

繼承母親的堅毅精神

在一九六〇年代的洛杉磯，華倫的成長經歷相當艱辛。七歲那年，父親因酗酒引起肝病而過世，留下母親派特在不算富裕的家庭中獨自撫養華倫與五名姊妹。這位單親媽媽不斷辛勤工作，但這個家卻面臨不同以往的窘迫處境。派特白天必須工作，晚上再到學校念護理課程。爲了讓孩子仍然能接觸到男性榜樣，派特爲他們報名中學的體育課程。

派特對學習的熱情獲得回報，她順利找到私人看護的新工作，而且對工作來者不拒，只爲給孩子更好的生活。「無論遇到什麼事，我們從未覺得貧窮，」華倫回想，「她拚死拚活……就爲了把我們養大。」

華倫繼承了母親在逆境中永不放棄的態度與堅定的職業道德，並將這些人格特質運用在運動上。他立刻愛上籃球與美式足球，而後者很快便成爲他的夢想。在他放學回家時，即便太陽早已下山，只有路燈照亮臨時球場，華倫依然會抓起橄欖球扔給朋友赫克托。只有母親的嚴厲喝斥才能讓這位滿懷抱負的未來美式足球明星停下練習。沒練球的時候，華倫會做完功課，幫忙家務。到了十一歲，他夢想成爲NFL場上的四分衛，並盡可能繼續參加與美式足球相關的任何大小活動，無論是街頭藍球賽、奪旗比賽，或是單純能加強傳球的瞄準練習。隨著他長大，這個夢想成爲條理分明、能夠實現的計畫，背後藏著照顧母親與姊妹的熱烈渴望。

不妥協、不讓步，堅持夢想

在青少年時期，華倫的高超球技、孜孜不倦的專業精神與堅定不移的自信，幫助他戰勝重重挑戰。消息開始傳開，這孩子能用火箭臂在八十碼外準確擲球。令他錯愕的是，在就讀亞歷山大・漢彌爾頓高中二年級時，他只被安排在三號四分衛，教練建議若華倫能接受其他位置，應該會有較多表現機會，否則只有當球隊在記分牌上遠遠落後，或是距離終場只剩幾分鐘時，他才有機會上場比賽。

儘管受到重用的是別人，華倫繼續爲夢想投入一切——總是第一個到場訓練、最後才離開，並拒絕四分衛以外的所有位置。他盡其所能成爲最優秀的四分衛。

隔年，當華倫在場上訓練時，大學代表隊教練傑克・艾普斯坦朝他走來。「年輕人，我一直在觀察你。」他說，「我喜歡你的拚勁、體能強度與態度。你明年就是我大學代表隊上的先發四分衛。」華倫感到既驚訝又激動，決心證明大學教練對他的信心是正確的。從春季到夏季，他比以往更努力鍛鍊。球隊一路贏得聯賽冠軍，華倫則被提名爲聯盟中的年度最佳球員。

如此驚人的美式足球天分引起美國各大學的興趣；然而，所有人都希望調動華倫的位置——這在他眼裡可沒得商量。他拒絕了，並轉而就讀初級學院（編注：指私人或教會辦的美國二年制短期大學）。一九七四年，在西洛杉磯學院的新生入學季，華倫在第一個賽季就寫下學院新紀錄，之後更與華盛頓大學簽約，主要是因爲該校球隊願意讓他擔任想要的位置，而當時在有名大學球隊中幾乎不曾有非裔美國人擔任四分衛。每當抱負遭遇阻礙，華倫總會劃平阻礙，並讓那些覺得比賽跟球員一定會按照劇本走的閒雜人等閉嘴，他以此爲榮。華倫回想，「我全神貫注的目標，就是打出足以讓大家放下膚色偏見的精采比賽，而我不過是個四分衛。」

與華盛頓大學新任教練唐．詹姆士搭檔後，兩人都必須證明自己是對的。初期，隨著敗場數增加，他們面臨強烈的批評，但教練堅定地與華倫站在同一陣線──尤其當許多罵聲轉爲種族批判時。教練唐也是華倫的得力導師，他教導這名年輕足球員如何在場上與場下設定目標，進而獲得成功。終於，球隊建立起團隊合作默契，接二連三取得勝利。最終於一九七八年，華盛頓大學哈士奇隊打入玫瑰盃，並出乎意料從形勢一片看好的密西根狼獾隊手上取得勝利，華倫獲得最有價值球員獎。這次勝利讓最嚴苛的評論家相繼閉嘴，也讓華盛頓大學聲名大噪。華倫對這次勝利感到滿意，但對唐而言，這只是十六場賽季連勝當中的第一季，其中包括三屆玫瑰盃優勝。

第一位在選秀被淘汰的四分衛，轉戰加拿大

儘管讚譽聲浪持續累積，但NFL球探仍然推斷華倫的能力尚不足，手臂也不夠強壯。大學體系最優秀聯盟中的頂尖美式足球員就這麼被冷落了，沒有任何NFL球隊願意選拔他

爲四分衛。華倫心想，「我很痛苦，我已經盡一切努力證明我絕對夠資格，結果我的國家卻不要我。」

華倫拒絕以調換位置來讓步，他不等令人失望的選秀結果出爐，而是前往北方，在人稱「冠軍之城」的城市與加拿大加式足球聯盟（CFL）的艾德蒙頓愛斯基摩人隊簽約。

在CFL的六場賽季中，這位堅定的四分衛帶領愛斯基摩人隊寫下連續五座格雷盃聯賽冠軍的紀錄，也在此成爲第一位在單一賽季中傳球超過五千碼的職業四分衛，一路奪下眾多獎項。華倫在二〇〇一年入選CFL名人堂，鞏固了他的偉業。關於這段經歷，華倫表示，「他們在我身上看見我的國家所看不見的潛力，給了我踢進職業足球賽的機會。我將永遠爲此感激加拿大人民。」

隨著華倫的名聲達到巔峰，他開始懷抱回歸故國與NFL簽約的希望。一九八四年，華倫以四分衛的身分簽進休士頓油人隊。在加入油人隊的第一個賽季中，華倫回報了球隊對他的信心，創下三三三八碼的俱樂部紀錄。在華倫加入之前，油人隊一直難以取勝；即便有了華倫的貢獻，球隊仍然不斷受到球迷的嘲諷，當中有許多罵聲隱約帶有種族色彩，直接針對華倫。華倫並未受到干擾，持續專注於成爲最佳四分衛，維持著出色的表現，球隊成績也緊追著季後賽不放。他同時也在休士頓從事社區服務，尤其熱中於幫助弱勢兒童透過運動在生活中各個層面取得成功。他在一九八九年賽季開始前取得爲期五年的續約，價值高達一千萬美元，刷新當時NFL最高薪運動員紀錄。他的毅力獲得了回報。

唯一同時入選美國與加拿大足球名人堂

華倫繼續打破紀錄。一九九〇年，他是傳球碼數、傳球次數、傳球成功次數與達陣次數的紀錄保持人，同時單季傳球三百碼比賽場數也以九場的紀錄與丹．馬力諾（Dan Marino）共居首位。在油人隊留下勝場數、傳球碼數、傳球次數、成功傳球次數與達陣次數的隊史紀錄並合約期滿後，三十四歲的他被交易至明尼蘇達維京人隊。

即使來到許多運動員都力不從心的年紀（特別是在美式足球如此嚴苛又吃力的聯賽中），華倫依舊持續力爭上游。在前後十七年的NFL生涯裡，他曾爲油人隊、維京人隊、海鷹隊與酋長隊效力，最後在四十四歲退休。他在NFL時期著實獲得巨大的成就，也是他大學後在加拿大那五年精采生涯以來再創巔峰。

除了九次入選職業盃，並以NFL歷史上傳球碼數第三位與達陣傳球次數第四位的成績退休外，華倫在二〇〇六年（也就是符合提名年資的第一年）立刻登上職業美式足球名人堂，更使他的偉業從此永垂不朽。他是第一位在選秀被淘汰的四分衛，同時也是第一位如此成就斐然的非裔美籍四分衛。時至今日，華倫．穆恩仍是唯一同時入選美國與加拿大足球名人堂的球員。

受到助人的熱情驅使，這位足球巨星一手帶領於一九八九年成立的新月基金會（Crescent Moon Foundation），爲學業成績優異、熱心參與社區活動，但家境清寒的高中生提供獎學金。華倫希望獲得獎學金的學生能夠繼續上大學、發揮潛力，爲社區帶來正面的影響力。此外，華倫也擔任NFL球評與出色年輕球員的導師，並與體育界的超級經紀人雷伊・史丹伯（Leigh Steinberg）合作，利用卓越的場上生涯打造出球場外的強大品牌。二〇〇九年，他出版了暢銷書《夢想堅持到底》（*Never Give Up on Your Dream*），也是他卓越人生旅程的第一手記載。他說，「邁向成功之路從來都不簡單。每個人都會面臨阻礙，但重點在於當你被擊倒時會怎麼做——這才是關鍵。」

二〇一〇年，華倫與好友暨商業夥伴大衛・梅爾澤（David Meltzer）共同創辦頭號運動行銷（Sports 1 Marketing），爲全球各種運動事業帶來知名度並提供迫切需要的資金。在有限的閒暇裡，華倫也兼任幾個非營利組織的董事會成員，包括聖裘德兒童研究醫院與玫瑰盃基金會。

華倫・穆恩結合非凡的職業道德與堅定信念，這兩種性格都是他在全家最黑暗的日子裡受母親所啓發，無論生命遭遇何種難題，他總是勇往直前。華倫說，「我也可以把其他人的話聽進去，接受其他位置，但四分衛是我的夢想，沒有任何事攔得住我。」

像愛迪生那樣發明

——美國群眾募資之王布蘭登．亞當斯

「演……演……演……」

布蘭登．亞當斯（Brandon T. Adams）盯著鏡子裡的自己。與生俱來的語言障礙深深影響他的自信，所以他每晚都會站在相同位置刻意練習。他仔細練習最難發音的字母，希望能克服讓自己被霸凌的大舌頭問題。每次在校園裡被人嘲諷，都讓這位男孩更加下定決心，但霸凌者總是隨時讓他失去安全感。唯一的問題在於，布蘭登覺得他的語言障礙早就消失了，只不過需要多點耐心和時間才能表現正常，至少他自認爲如此。每當別人問他是否有語言障礙，他都會爽朗地回答，「什麼？才沒有呢！」

大舌頭男孩的創業夢

暑假期間，布蘭登在幫忙父親的製冰事業時得到了創業初體驗。他們將冰塊販售至愛荷華州各地，包括加油站、便利商店與其他需要冰的地方。他父親曾說，「如果你連冰塊都賣得掉，那賣什麼都沒問題。」布蘭登覺得口齒不清會阻礙他成爲優秀的推銷員，繼續關起門來練習：「演……演……演……」他不斷重複著，「我是出色的演……演……演……演說家，我是很棒的溝通者。」

布蘭登與父親共事，接觸到經營事業的各項元素，並一起將家中的生意亞當斯製冰（Adams Ice Service）擴大至超過一百位客戶。與父親相當親近又樂意效力的布蘭登，自豪地在運冰卡車前畫上自己的頭像，夢想有天要一肩扛起公司，好讓父親退休享清福。

最後在大學即將開學前，布蘭登的大舌頭毛病消失了，信心也跟著大增。布蘭登相當享受大學生活，只不過他大一時的成績平均積點（GPA）只有一．六八，似乎有點玩過頭了。他大部分時間都在玩樂，幾乎沒將心力用在學習上。儘管他堅持要念大學，卻缺乏目標或野心，對分數毫無要求，直到一次偶然遭遇讓他重新找回自己的創業學習精神。

你跟福特、愛迪生與卡內基其實沒什麼不同

有天，這名二十歲青年參加了一場演講，主講人是愛荷華州同鄉的古怪創業家、產品設計與發售專家「仙人掌」傑克．巴林格（"Cactus" Jack Barringer）。傑克向布蘭登保證，只要能夠有紀律地做出簡單的改變，便能迎來超乎想像的人生。他說第一步就是先弄來一本《思考致富》。布蘭登回想，「我讀完這本書，立刻明白自己跟福特、愛迪生與卡內基沒什麼不同：無論我現在的處境爲何，都必然能實現自己訂下的目標。」他也把自己的語言障礙與希爾的兒子布萊爾的故事相對照，布萊爾成功將重大的身體疾病轉變爲優勢。在受到啓發並充滿信心後，他以信念與決心取代了懷疑和消極。

二○一一年夏天，布蘭登在傑克的指導下想出一種創新設備的點子，可以將罐裝飲料冷卻並增添風味——**北極棒**（ArcticStick）就此誕生。爲了實現點子，布蘭登參加了一場學徒比賽，請產業專家仔細研究兩百五十人的發明與創意，從中選出五十人展示自己的作品，只有一人能獲得冠軍。布蘭登在有限的時間內將所有心力集中在單一目標上，北極棒在競賽中順利脫穎而出，布蘭登獲得五千美元的支票，作爲開創事業並繼續開發這項產品的助力。這次勝利進一步增強他的信心，也是他的確能實現心中任何目標的有力證據。

運用群募成功上市

如果有夠多的人知道北極棒，必定會成爲全國熱門商品。這位年輕企業家在確認這點後，花了將近四年與超過十萬美元，試圖讓這項計畫成功。布蘭登將北極棒推銷給自己遇見的所有人，終於讓產品接到《創智贏家》節目的通告，並登上《今日美國》封面。他談到這裡時，說道，「我確信自己辦得到，而且我像著了魔似地隨時把產品放在口袋。」然而，出乎意料的事發生了：布蘭登發現大家開始把注意力放在他身上，而非關注實際的產品，這讓他覺得安心——倘若北極棒失敗了，他還能重新想出更好的點子。

北極棒尚未上市，傑克就向布蘭登提議創立產品開發公司，爲他提供了買斷傑克多年來所累積大部分專利的機會。布蘭登不加思索，立刻同意。他很快就要求女友薩曼莎從明尼蘇達州搬到愛荷華州的德梅因，好在他創辦新事業時陪在他身邊。「妳可以來這裡上班！」他這麼承諾。他甚至籌措了七十五萬美元來挹注新公司。在三個月內，合約簽署完成，也簽訂了房屋租約，一切準備就緒，這位二十三歲青年卻感到異常猶豫，心想，「假如我要做某件事，就要全力以赴，但這似乎不會是讓我長期充滿熱情的事業。」

布蘭登拋下自尊，對傑克表示他想反悔。他拒絕了投資資金，並仔細思考該如何償還——這一租就是十二個月的公寓租金。更糟的是，他讓導師失望了，而如此沉重的處境也使他與薩曼莎各奔東西。他坦白說，「我簡直跌落人生谷底，生命中已經一無所有。」

二〇一四年，他繼續獨自推動北極棒。若想獲得融資，他就不得不放棄大部分的股權，因此他嘗試了**群眾募資**——這種新興的熱門募資策略，讓世界上所有人都能資助新的產品或服務，創業家也不必放棄公司的任何股權。布蘭登在Kickstarter募資平台上的募資活動在三十三天內、從超過兩百四十位贊助者手上募得兩萬六千美元，遠超過他的目標。有了足夠的現金及三年來精心改良的產品，北極棒終於上市。

在群募中看見人生使命

那年除夕，布蘭登反省了至今爲止的人生，以及自己的長處與熱情。將自己的產品推向市場的艱苦奮鬥讓他明白，他最熱中的其實是助人實現夢想。他也知道，大多數的群眾募資會失敗，只是因爲大家缺乏正確執行募資活動的指引。那天晚上，他滿懷壯志地設下目標，要成爲世界頂尖的群眾募資專家。他就像雷射般專注，懷抱著無窮盡的求知欲在全國各地旅行，盡可能採訪更多相關人士。布蘭登從訪談中的發現奠定了基礎，打造出能夠幫助任何人爲新企畫獲取資金的公式，他也在二〇一五年出版的《通往群眾的鑰匙》（*Keys to the Crowd*）中發表了這套成功公式。

在一貫近乎瘋狂的工作排程下，布蘭登建立起企業家名聲。他開了播客節目《企業青年大學》（*University of Young Entrepreneurs*），現已更名為《磨出人生》（*Live to Grind*），以幫助眾人獲得打造事業所需的資源，不僅止於取得融資，而是到真正成功為止。布蘭登會了解他邀請到播客上的每位來賓，尋找能讓他們合作的方法，使他的影響力不斷倍增。

群眾募資之王：一年內募得超過一百五十萬美元

其中一位來賓正是來自《熱情企業家》的約翰・李・杜馬斯（見第七章），他提到自己想出一本書，概略描述他從人生中所學到的一切。在布蘭登於跨年夜設下目標將近一年後，他與杜馬斯在Kickstarter募資平台上提出自由日記（Freedom Journal）募資項目，在三十三小時內便募得十萬美元，更在一個月內募集超過四十五萬美元，成為有史以來最大規模的群眾募資活動之一。對布蘭登來說，他的職涯道路已經確立，該是時候展望更高的目標了。

二〇一六年，布蘭登在愛荷華州發起青年企業家大會年度活動，為富有遠大志向的企業家提供讓企業邁向成功所需的各種工具；在語言障礙早已成為過往雲煙的現在，布蘭登與超過五百名與會者分享他的卓越旅程。他無可撼動的自我信念、毅力與專業知識使他在一年內募得超過一百五十萬美元，也為他贏得「群眾募資之王」的名號。

如今，布蘭登．亞當斯是觸媒媒體集團（Accelerant Media Group）創辦人，這間顧問公司具有公關、影像製作、主流媒體與群眾募資領域的專業知識，旨在協助其他品牌快速提升願景並大幅成長。想成爲他團隊的一員有兩個先決條件——必須先讀完拿破崙．希爾的《思考致富》與戴爾．卡內基的《人性的弱點》（*How to Win Friends and Influence People*）。二十七歲的他也擔任自己的電視節目《雄心冒險》（*Ambitious Adventures*）的執行製作與主持人，對於創建事業時繁瑣的日常工作，爲大衆提供獨特見解；亦經常舉辦網路研討會、開設播客節目，爲下一代的商業領袖提供助力。二〇一八年，布蘭登蓬勃發展的商業帝國突破八位數的收入，他希望在四十歲生日前能爲超過十億人的生活帶來正面的影響。

布蘭登與導師「仙人掌」傑克重修舊好，也樂於幫助彼此進行各種企畫。他也跟薩曼莎復合，並將成就歸功於她對自己的影響與啓發，現在兩人的感情比過去更加堅定，計畫在二〇一八年旅居全美十二座城市，拍攝自己的電視實境節目《都會成功計畫》（*Success in the City*）。布蘭登回想處於人生谷底的那段時期，視之爲生命中最美好的體驗。他也實現了小時候一肩扛起家中製冰生意的夢想，迫不及待想帶領這間二代企業邁向未來。

憑著宏偉的願景與合適的團隊，布蘭登比以往更加充滿動力。他說，「畢竟，只要你不停下腳步，就沒有人能擊敗你。」

破億驗證・成功法則⑨

智囊團的力量

夢想的驅動力

沒有其他人的合作，

再多個人經歷、素養、天資與知識，

都無法確保能累積到龐大財富。

——拿破崙・希爾

破億驗證・成功法則⑨

智囊團的力量

偉大成就從來不是靠一己之力就能達成。當許多人為共同的目標齊心協力，就能發揮智囊團的力量，使影響力不斷倍增。

將兩種元素相結合，就可以創造第三種元素。這種現象實際體現在全世界最強壯的馬身上，也就是比利時挽馬（Belgian draft horse）。單單一匹比利時挽馬就可以拉動三・六噸的重量，兩匹尚無默契的比利時挽馬，就能拉起十噸的重量；更驚人的是，若兩匹馬一起成長、接受訓練，就可以拉動高達十四・五噸——是一匹馬的四倍之多。

愈來愈多研究強調多元化、高度積極的團隊對於獲取最佳結果的重要性。當你要建立具有影響力的團隊時，並非所有人的地位都相互均等。你的智囊團成員必須本著和諧的精神，朝向明確的目標相互協調。在自由市場上無視這項原則的人，必然會發現自己就像被綑綁在鐵軌上，等待著轟隆作響的火車迎面疾駛而來；相反地，你應該善用智囊團的力量來打造自己的成功列車。

智囊團可能有許多種形態：朋友、配偶、業務夥伴、管理團隊、企業家網絡、導師，甚至是學生。回想前幾章的故事：吉姆・史都瓦的第一批智囊團夥伴是他的學生克里斯多福與導師李伊・布拉克斯頓；路易斯・霍斯與約翰・李・杜馬斯善用他們邀請到播客節目上的每位來賓作為智囊團的一分子；而對羅伯・戴德克來說，他的智囊團則是吉米・喬治、DC團隊與喬治・普拉特。

根據希爾的觀念，力量的定義是「經過組織與明智引導的知識」。伊隆・馬斯克（Elon Musk）也許創造了特斯拉（Tesla），但他製造每輛車的時間，也足以成功打造出他另外那間太空探索公司（SpaceX）的火箭，送上運行軌道。馬斯克大膽地向全世界宣告自己的明確目標，讓身邊充滿能夠提供他所需知識（且能將此組織成清楚計畫）的人，並致力於實現他的夢想，從而達成他的目標。但鮮為人知的是馬斯克也曾瀕臨潰敗，卻堅持不懈、從失敗中汲取教訓，同時抱持無可撼動的信念，最後徹底改革了許多產業，也讓自己在過程中賺取巨大財富。事實上，馬斯克過去十年來的事蹟也許是當代成功學的最佳典範。

即便是最宏大、最複雜的計畫，假使缺乏付諸實踐的手段，也同樣會陷入泥淖。然而，能善用智囊團真正力量的人，就能夠改變世界。

挽救小勞勃道尼的生命教練

⋯

——生命教練提姆・史都瑞

加州康普頓一如往常。早上七點，棕櫚樹高高聳立路旁，耀眼陽光映在汽車的擋風玻璃上，城裡惡名昭彰的壅塞交通開始浮現。在某個低收入社區的一間兩房住家中，史都瑞一家正處於上學日的忙碌時段。

突如其來的噩耗

前門傳來一陣敲門聲，亦無法打斷這家人的忙亂，只有貝曦——家中五個孩子的母親——注意到。很少有訪客這麼早上門。

「女士，妳的丈夫是安東尼・史都瑞嗎？」警察問道。

貝曦點點頭。

她的下個任務是告訴孩子們爸爸今天不會回家了。安東尼在一場離奇的車禍中喪生。

接下來幾個月裡，史都瑞全家（每個人都不例外）盡其所能面對這個噩耗。悲劇成了房間裡的大象。儘管他們感到痛苦，卻避而不談，當然也不知該如何克服。原本活潑、外向的歡樂家庭從此失去元氣。

安東尼與貝曦夫婦倆很早就輟學了，分別只念到十年級與六年級。安東尼透過煉鋼工人的工作維持家計，儘管遠遠稱不上富裕，但家中一直和樂融融。貝曦在當地的甜甜圈店工作，微薄的薪資尚不足以養家，丈夫意外身故使她在許多方面陷入困境，突然必須隻身維持五個孩子的溫飽，似乎成了無法跨越的難關。

對十歲的提姆．史都瑞（Tim Storey）來說，上學正好可以轉移注意力。他專注於生活中的其他事物，試著享受正常的成長過程：參加體育活動、聽他最喜歡的摩城音樂與學跳舞。

兩年後，提姆人生中的第一位導師出現了：對他疼愛有加的六年級老師。這位先生知道提姆父親的遭遇，注意到男孩仍深陷悲傷之中。老師建議他閱讀大量書籍（主要是在極端逆境中成功的人物傳記），鼓勵他順從自己的熱情。除了家人以外，這是首次有人對他表示充分的信任，讓他覺得只要自己有勇氣追求，任何一條路都沒問題。邱吉爾、林肯與華盛頓等歷史名人的故事，激發了他擴大思考格局的能力。

提姆覺得自己的人生已經度過低谷，但全家人隨即遭遇另一場悲劇。在父親因故過世的兩年後，提姆其中一位姊妹又在另一起車禍中喪生。提姆此時已變得成熟而堅強，現在的他自認能帶領家人走過困境。他建立了能感受失落並對於悲傷心懷感恩的反應機制。不知怎的，他相信家人必然能克服一切，而且表現得比以前更好。提姆還很年輕，卻已經是家中的舵手，尤其能扶持母親，全家人也齊心共度難關。

幾年後，他走進當地一家餐廳，發現餐桌一片亂糟糟。餐廳裡的雜工獨自一人在裡頭悠晃，對工作絲毫沒有熱情。提姆走向餐廳老闆安德森先生，說道，「先生，我叫提姆・史都瑞。我想讓你知道，如果我為你工作，你的餐桌絕對不會變成這樣。」安德森回答，「你什麼時候可以上班？」

對十五歲的提姆來說，這不僅是他第一份有薪水的工作，安德森的衣著講究、口才雄辯有力，是位成功的餐廳老闆，更將成為這位敏感少年的另一名導師。

「他非常關心我，試圖讓我發揮最佳表現。」提姆感念地回想著。

在一年半的工作期間，他從洗碗工做到雜工再升為侍者，之後收到另一家餐廳的工作邀約，並帶著安德森的祝福邁向下一份工作：「提姆，你是我有史以來最好的員工，我祝福你一切順利。去吧，大好前途在等著你。」

踏上生命教練之路

提姆在念高中的最後幾年思考自己這輩子到底想要什麼，一位他相當尊敬的老師注意到他想要幫助大眾的精神與渴望。老師建議提姆也許很適合人道工作，甚至適合讀神學院。高中畢業後，提姆錄取佛羅里達萊克蘭的東南大學，主修宗教並取得學士文憑。

大學畢業後，提姆順從強烈的旅行渴望，到世界各地探索。當年二十歲的他初次跨出美國來到瑞典，到各所公立學校演講，談的是動機、成功及對夢想的堅持。接下來一整年，在首次正式的人道服務中（與富裕的瑞典形成鮮明的對比），他造訪了奈及利亞的孤兒院與菲律賓的監獄。

在世界上最貧窮的兩個國家遇見被遺忘的人們，使他對以往未曾觸及的事實開了眼界——世界上每個人的成長都仰賴兩大主要動力：不是**「想要」**，就是**「渴望」**。小時候的提姆想要獲得指引並脫離當時的處境，現在則渴望將自己過去所需要的指引提供給他人。

縱使對於他所造訪的貧困族群而言，他們想要的並不只是指引，同時也想要飲用水與糧食——跟過去的自己一樣，只是程度更強烈。這讓提姆對自己一度感到羞愧的成長過程開始心懷感激。

回到美國，提姆搬回了加州，爲不斷成長的生命教練事業建立總部。他的演說旅程帶他走遍美國、踏遍全球，鼓勵並啓發成千上萬的人拓展思想格局。

一九九二年，好萊塢巨星卡萊・葛倫（Cary Grant）的前妻戴安・坎農（Dyan Cannon）向他表示：「提姆，我看過你的演說，我很喜歡你的說法——你注重的是精神層面，而不是出於宗教觀點。我想在我家舉辦靈修聚會，歡迎你來參加。」

提姆接受邀請，事實證明這是相當關鍵的決定。他與戴安建立交情後，進一步結識了幾位全球最大咖的電影巨星，包括華特・馬殊（Walter Matthau）、傑克・里蒙（Jack Lemmon）、艾略特・古爾德（Elliott Gould）、詹姆士・肯恩（James Caan）等。提姆定期參加他們所熱中的研修聚會。在浮華又迷人的城市裡，提姆善用生命教練的輔導能力，透過日常生活的運用來詮釋單純的歌曲與俗諺，成功吸引衆人注目。

一九九四年，三十四歲的他寫下第一本書《好主意還是神旨意？》（*Good Idea or God Idea?*），受到商業大亨艾柯卡（Lee Iacocca，編注：曾任福特汽車總經理和克萊斯勒總裁、福特經典跑車「野馬」開發負責人。擔任克萊斯勒總裁期間，成功將公司轉虧爲盈，獲「美國產業界英雄」稱號）的認同，而兩人過去也曾陸續合作。在這番鼓勵下，提姆開始追求更大的夢想，來到昆西・瓊斯（Quincy Jones）的故鄉。昆西是二十八座葛萊美獎得主，也是音樂界最具指標性的人物。瓊斯開始稱提姆爲「天音」（The Voice），並在提姆看似江郎才盡時成爲他重要的導師。

談到艾柯卡與昆西對於自己在此人生階段的貢獻，提姆說，「這不僅建立了我的信念，也讓我相信自己能實現更大的成就。」

提姆現在正與世界上最有成就的一些人密切往來，透過每次談話不斷磨練他的輔導技能。他的定期研修聚會持續吸引上流社會人士，他也教導這些人找到生命中的平衡點：包括身體、心理、精神、社會、經濟與家庭層面。

小勞勃道尼的救生索

有天，提姆的電話響起，另一頭的友人請他與小勞勃道尼（Robert Downey Jr.）見面——就是那位才華洋溢卻深陷困境的演員。當時是一九九九年，尚未成為鋼鐵人的小勞勃道尼年輕時曾經享受過銀幕上的成就，但就是無法讓生活步上正軌，他因毒癮違反緩刑條款，被送到加州科克蘭州立監獄。這位沮喪的演員向法官解釋自己的行為：「那就像我手上拿著一把霰彈槍，手指還扣在扳機上一樣，而我很喜歡槍上頭的金屬味。」妻子離開了他，他的事業也陷入困境。

在前往與NFL美式足球聯盟奧克蘭突襲者隊會面的途中，提姆順道前往監獄與小勞勃道尼見面。聽完這位處境艱難的演員分享自己的掙扎後，提姆建議：「別再回頭看你過去的人生，也別讓你的失敗定義自己。我明白你現在很痛苦，但愈是混亂的處境，帶來的訊息就愈多；愈是困難的試煉，東山再起的**收穫**也愈大。」

兩人還談到了致富這檔事，但並非財務上的富有。提姆說，「真正的富有是懷抱富足的愛、寬容、慈悲、感激、謙卑與仁慈。當我們在這個層面變得富有（無論環境多艱困或面臨何種掙扎），就會對自己的行為感到高興、負責，並得以自由勾勒出屬於自己的成功。」

「我可以戰勝自身困境。」如此令人振奮的訊息立刻引起小勞勃道尼的共鳴，自此之後，小勞勃道尼鞏固了自己身為演藝界票房巨星的地位。

受邀上歐普拉節目

幾年後，提姆的世界再次於偶然之中發生變化。在一場活動的演講剛結束時，歐普拉的執行製作戴安・哈德森（Dianne Hudson）找上他，並堅持他跟歐普拉一定要見個面。激勵人心的生命教練因此結識超級脫口秀的主持人，發現他們對於該怎麼讓世界更加美好有諸多雷同的想法。不久，提姆便出現在歐普拉的電視節目《超級靈魂星期天》（*Super Soul Sunday*），使他跨入全新的成功領域，數百萬人也因此認識了這號人物。

歐普拉是提姆的最新導師，鼓勵他無論達成多少成就，都要繼續擴大思想格局。

這位生命教練仍持續走上啓發人心的旅程，目前已走訪七十五個國家、寫出九本暢銷著作，並且確立自己擔任高階主管、名流與運動員的精神領袖地位。但他仍然會爲自己最大的熱情挪出空檔：幫助各種背景的人了解，當他們感受到挫敗所帶來的痛楚時，代表他們已準備好在人生中重新站穩腳步。

每個人都需要三位導師

——全球頂尖體育管理執行長大衛・梅爾澤

有天晚上，七歲的大衛・梅爾澤（David Meltzer）聽見廚房傳來聲響。他往裡頭瞧，看見母親凱倫靠在壞掉的洗碗機上默默啜泣。

「怎麼了，媽？」男孩問。

「沒事，大衛，沒事。」她這麼說。

男孩盯著母親片刻，接著將她拉進懷裡，輕聲說，「有一天我會買棟房子給妳，妳再也不用擔心任何事。」

早熟的小男孩，想分擔母親的辛勞

兩年前，大衛父母的感情愈來愈差，最後因父親的外遇而離婚收場。小男孩保證會在父親離開後照顧母親，擔起家中男性支柱的角色，卻換來惱羞成怒的父親摑掌。

當時凱倫處境艱困，家中六名子女都仰賴這位單親媽媽身爲代課老師的薪水過活。儘管沒什麼錢，她依然努力讓孩子有充足的愛與鼓勵。

凱倫會將全家人的晚餐（通常是花生醬跟果醬三明治）打包裝進褐色紙袋，開車到第二份工作的地點。當她在便利商店裡忙碌時，孩子們就在車裡等候；她也鼓勵哥哥姊姊念書給弟弟妹妹聽，既可享受家人的互動，也能拓展內在。

大衛還太小，不明白這世界有多麼複雜，認爲金錢是讓母親幸福的唯一關鍵。看見她爲了無法負擔另一台故障家電修理費而暗自哭泣時，他的心都碎了，發誓要盡快出人頭地。他也想向父親證明，成功與正直並不牴觸。

在大衛十歲那年，偶然讀到〈永不放棄〉（*Don't Quit*）這首詩，還因爲印象太過深刻而把那一頁從書上撕下。❶無論他到哪裡，都把這首詩放在口袋裡，就好像是讓他持續邁向目標的方向舵。每次逆境都會使他重新專注於最終的目標，因此培養出好勝的性情，與他精力充沛的舉止相輔相成。他回想，「我想把每件事做到最好，而且永不放棄。我或許不像其他人那麼聰明或四肢發達，但他們永遠無法比我優秀。」

❶美國熱門詩文，作者身分尚有爭議。

超級敬業的精神爲大衛的高中生涯帶來額外收入，他因而認定成爲職業運動員是最快的賺錢途徑。可惜到了大學，與身形魁梧的對手相較之下，就身體條件而言，他連被選進隊裡都希望渺茫，更甭提什麼出色表現。後來大衛確實加入了體育隊，但他也意識到（至少對他而言）成功的路不在這裡。

閱讀《思考致富》，走向人生十字路口

在念大學的過程中，大衛轉爲專注於如何在商場上產生影響力。有位朋友給了他一本《思考致富》，正好適合他這個人生階段。他告訴宇宙，他要找到一份能夠實現自己的終極願望、讓母親未來無後顧之憂的工作。不久，這位就讀法學院三年級的學生便獲得兩份工作機會，分別是石油天然氣訴訟律師，以及在網路上擴增事業版圖的出版公司。

當他諮詢母親時，她以充滿說服力的口氣回答，「網際網路只是股風潮，」她堅決地說，「選石油跟天然氣的工作吧，比較實在。」

大衛原本想聽從母親的建議，但內心的直覺要他問問其他人的意見。與法學院教授的談話也同樣堅決，「別當石油天然氣訴訟律師。」雅諾波洛斯教授力勸，「你有賣冰塊給愛斯基摩人的潛力。選西方出版公司的工作並善用你的推銷技能，你會更樂在其中。」他不久後

便接下了這個職位。

比起他人的忠告，更應該相信自己的直覺

一九九〇年代初期是網路1.0（Web 1.0）時代，主要目標在於拓展連結與資訊應用。大衛任職的西方出版公司正著手一項野心勃勃的計畫，準備將旗下所有法律素材發布到網路上，以供各大協會與企業用於法律研究。大衛是銷售員，客戶連進西方出版公司資料庫的瀏覽量決定了他的報酬。這間公司已經建立起法律素材主要供應商的名聲，幾乎壟斷市場。

他說，「我抱著自己一定會成功的信念，因此吸引了即將顯化的事物。當時我是無意識地這麼做，但隨著年紀增長，我對此也愈來愈了解。」在薪資無上限的情況下，他在自己的角色上發揮了無人能比的職業道德、富有創意的天賦與堅定不移的信心。第一個月，他的薪水是三萬三千美元；九個月後，他成了百萬富翁。這是大衛學到的另一堂課，也是他在希爾的書中所讀到的：比起他人的忠告，更應該相信自己的直覺。他意識到，「即使是愛你的人，也不代表他們一定了解你的處境，能幫你做出正確的決定。」

網際網路大師

公司於一九九六年出售，導致管理團隊多人離職，留下的大衛成爲公司最年輕的高級主管。他看見網際網路驚人的發展軌跡，因此並未回歸法律業，而是決定爲自己掛上網際網路大師的招牌。

儘管大衛沒有任何科技業的正式經驗或專業知識（當時他只是個績效優良的銷售員），仍然在提出申請後獲得埃森哲（Accenture）顧問集團旗下無線代理伺服器公司的董事職位。網際網路持續蓬勃發展，大衛利用他的簡報技巧募得超過一・六億美元，用於資助公司的創新與擴展。

接下來，三星挖角他爲該公司在美國推出第一部匯流裝置（即現在的智慧型手機）。產品上市活動大獲成功，也爲他帶來在世界各地公開演說與舉辦活動的機會，但大衛顯然尚未掌握讓公司成長至嶄新世代所需要的技能。管理階層懷疑這位年輕CEO能力不足，找了其他人來取代。

二〇〇三年，大衛帶著充裕的銀行數字離職。他能夠爲家人購買任何想要的東西，也確實大買特買。他幫妻子茱莉建造夢想中的房子，也爲母親打造了三十年前他所承諾的家園，並且花大錢購買義大利跑車、船隻等奢侈品。

在他住進豪宅新居的第一晚，這位三十五歲男子輾轉難眠，看著妻子說，「我想我犯了大錯。」

「什麼意思？」茱莉回答。

「我覺得很空虛。」他沮喪地說。

從揮霍無度到認清自我

在沒有任何導師能協助經歷這段過渡時期的情況下，大衛為了填補空虛，開始與一群有錢有權的新朋友來往。他們沉迷於不入流的夜總會、毒品與大量的酒精之中，並在物質與自尊上相互競爭。每個放蕩不羈的日子都侵蝕著大衛原本讓妻兒崇敬的男性特質——感恩、同理心、責任感，以及與人交往的能力——也就是他在商界得以發光發熱的特質。他花起錢來毫不手軟，買了位於蒙大拿州的一座山滑雪、三十三棟住宅不動產與一座高爾夫球場，接著開始負債經營事業。

有天早上大衛回到家中，無意間聽見妻子和叔叔的談話。聽得出來妻子很難過，他還聽見她一邊啜泣一邊說，「我真的很擔心，我不確定大衛能不能擺脫這番處境。」

他們發現大衛聽到這段對話，決定面對面把問題攤開來。「你知不知道自己變成什麼模樣了？」茱莉語帶懇求，列舉讓她感到憂慮的種種行爲。

「妳怎麼能對我說這種話!?」大衛憤怒地回答。他比畫著奢華的豪宅與成隊排列的名車，「看看身邊這一切，妳還有什麼好抱怨的？」

「你在跟我開玩笑嗎？」茱莉說。

大衛奪門而出。幾個小時後，他找了認識最久的摯友來打一輪高爾夫球。大衛站上第一個發球區，問道，「你爲什麼都不跟我一起出去了？」

「我只是不喜歡跟你混在一起的那些人。」

「我跟那些傢伙不一樣。」大衛說。

「你可以騙我，但不要騙自己。」他的朋友回答。

一天之內，大衛接連受到妻子與好友的打擊——是時候改變了。

稍早，妻子要他認清自我，更重要的是了解自己想成爲怎樣的人；當天下午，他向妻子道歉，這是他們繼續維繫家庭的唯一方法。大衛自我反省了一番，想找出問題所在、擺脫最近圍繞在身邊的負面影響力，試圖找回原來的自己。

當他專注於重新成爲更好的父親與丈夫時，揮霍無度的報應在此時上門了。銀行宣布他破產，扣押了他們擁有的一切。

儘管處境加劇，大衛判斷只要有正確的計畫、辛勤努力並拖持正向的心態，很快就會有所收穫。接下來的六個月，大衛在更為節制的環境下咬牙堅持。當別人問他最近過得如何，他都會說，「棒極了！從沒這麼好過。」他開始思考自己在世界上扮演的角色。

創立頭號運動行銷

某天電話響起，某間頂尖手機應用程式公司邀請大衛擔任遊戲部門主管，職務包括拓展公司的國際知名度。他接受了，同意在兩週內到職。

隔天，一位高中友人從倫敦來電，詢問大衛是否願意代表他洽談一部與魔術強森合作的電視實境節目，對方代表人正是體育界的超級經紀人雷伊．史丹伯——他正是電影《征服情海》（*Jerry Maguire*）故事主人翁的取材靈感來源（美國運動界最成功的經理人）。

「你知道，我可不是真正的律師。」大衛告訴友人。

「你是我見過最厲害的談判高手，希望你能代表我。」朋友堅持。

大衛連忙打包行李，叫了輛計程車。妻子警告他，「可別做出蠢事。」

「我只是去幫朋友忙！」大衛再三保證。

他來到倫敦與雷伊見面，相談甚歡。這場初次會面長達七小時，雷伊隔天早上也再次致電，詢問當天稍晚能否再次見面。面談結束後，大衛飛回加州告訴妻子，他現在成了全球頂尖體育管理經紀代理的營運長。

大衛在新事業任期開始時感到活力充沛，心理與精神層面達到前所未有的巔峰狀態，迫不及待想大展身手。他在六個月內就被提名爲執行長，負責洽談超過二十億美元的運動與娛樂合約。

然而，關於雷伊酗酒的謠言多年來不斷流傳，這在業界也不是祕密。在一次酩酊大醉過後，大衛與NFL名人堂球星華倫．穆恩決定離開公司，尋找更健康的環境。二〇一〇年，兩人成立了「頭號運動行銷」公司，利用跟運動員與名人之間的關係，爲最需要幫助的人伸出援手。

頭號運動行銷在七年內爲慈善事業募得數千萬美元、頒發並資助數百筆大學獎學金，透過豐富的實習課程爲數百人提供了機會、經驗與工作。更重要的是，大衛與華倫驗證了**慈悲資本主義**（compassionate capitalism）的模式：先爲他人提供服務與價値，將可爲所有利害關係人帶來成功。

從年輕開始不斷與諸多導師（包括學校老師、大學教授與商業領袖）建立眞正的連結，使大衛得以持續成長、跳出舒適圈，並在最黑暗的時期仍然保持信心。如今，他認爲每個人隨時都需要三位導師，好幫助自己在人生中的不同領域自我實現，獲致穩健的財富。

每天靜心、感恩與實踐目標，讓大衛與家人之間建立更緊密的連結，包括改善與父親一度陷入緊繃的關係。在歷經雲霄飛車般起伏的失敗與成功之後，如今大衛的個人使命便是協助眾人享受追求自我潛能的過程，這也是人生教導他邁向幸福最可靠的途徑。

即將迎來五十歲生日的大衛．梅爾澤比過去更加平靜、工作成效也更好，因爲他了解：若是把生活過得一團亂，戶頭裡的存款再多也沒有意義。

破億驗證・成功法則⑩

轉換性欲的奧祕

將激情化為創造力

要踏上成為天才的路，

除了自發性的努力，別無他法。

——拿破崙・希爾

破億驗證・成功法則⑩

轉換性欲的奧祕

身為人類，大自然賦予我們成功所需要的一切，同時也具備讓內心崩潰的條件——宇宙只是在回應潛意識中的主導思維。人類的性欲可以比喻成水，水可說是地球上最恆久的物質，而且會不惜一切代價尋找出口，堵也堵不住。受到妥善運用與引導時，就可能成為極其龐大的資產，從幫助維持人類生理機能到為植物運送必需營養素等，無所不能。只要運用正確的架構，甚至能將水轉化為電能。

我們可以透過意志力將強烈的欲望導向積極又有效的行動。掌握這項法則，就能激起人類精神中所蘊藏的珍貴特質，例如想像力、勇氣和創造力，將它們引導至不同的階段，成就更加深遠的事物。然而若受到欲望所奴役（又未能學會如何在適當時機轉化欲望），毀滅很快就會隨之而來。無論是性欲、毒癮或是自尊，未曾學習如何運用自我意志並扭轉衝動的人，可能會在一次次受「固習」所牽制的生活中失去一切，進而毀掉自己的成就，徒留滿目瘡痍的痕跡。

正如許多故事所呈現的，一個人的環境可能會使欲望加重或減低，這就是選擇朋友與環境如此重要的原因。科技也為現代人提供許多宣洩衝動的簡單渠道，然而這些衝動在未經覺察的情況下，可能會不斷干擾你原本明確的目標。

有趣的是，多數人都要等到三十多歲才能發展出足夠的意志力並充分理解這項法則，為往後數十年鋪下體現生命成果的道路。

性表現是我們DNA的一部分，對許多人來說，健康的感情關係或是對新戀情的興奮感可以帶來靈感，成功自然也隨之而來。即使是愛情的回憶，也足以將某人的處境轉化為超凡的創造力。在幾乎所有情況下，擁有巔峰成就之人，背後都有人生伴侶提供的長久支持與正面影響。

談到性表現，希爾寫道：「當這份欲望不是透過肉體來表現，而是受到妥善運用並轉化為行動時，便可能使人臻至天才之境。」性欲是個人魅力的象徵，也是人類互動的基礎——只要運用得當，就能將非凡的魅力、信心、熱情與存在感，轉變為巨大的金錢收益或掀起革命的運動。

這一切所需要的，就是付諸實現的意志力。

成功沒有差別待遇

——領導七千名企業顧問的申約翰

八歲的申約翰（John Shin）聽見騷動，回頭一看。「噢，不會吧，又來了。」他碎念著。一群穿得五顏六色、幾個月來不斷恐嚇他的惡霸正朝他走來。身爲學校裡唯一的亞洲小孩，他成了最容易被盯上的目標。約翰轉過身，使盡吃奶的力氣飛快踩著腳踏車，直到再也騎不動，從車上摔下來；接著弓著身子站起來，雙腿顫抖，上氣不接下氣。

「看看你有什麼本事！」其中一名惡霸大喊著，將約翰推倒在地。

「你看起來很像李小龍，你有像他那麼能打嗎？」另一人嘲諷地說道。

這位男孩沒有回應——言語或肢體上都沒有，只是默默吃下迎面而來的每一記拳打腳踢。

挨揍過後，約翰沮喪地騎車回家，對母親輕輕帶過剛才的事，但他身上的傷可藏不住。她說，「這樣吧，我幫你報名武術課，明天就開始上課。」

接觸柔道，建立自信

八年前，申氏一家離開韓國，搬到洛杉磯為兩個孩子約翰與史黛拉尋找更好的機會。夫妻倆各自從事兩份工作，不僅是為了全家人的溫飽，同時也為孩子存下念大學的基金。所有犧牲都情有可原，因為他們堅信孩子總有一天會成功，成為律師或醫生。但是讓惡霸影響約翰的課業？免談。申太太拿起電話，幫約翰報名了武術學校。

隔天下午，武術中心的小貨車從學校接過學生，送至道場接受訓練。約翰將大部分時間都花在道場，直到晚上十點半，才讓剛下班的父母順道去接他回家。他在練功堂裡寫作業，並練習道場所教的三種武術：跆拳道、合氣道與柔道。如果約翰的父母認為他違規或是因為某件事需要處罰，便會把他交給師父懲處。

練功堂很快就成了約翰的第二個家，在此結識了許多新朋友。儘管偶爾會受到嚴格的懲罰，他還是很敬佩師父，而師父每天都會傳授學生三項核心教誨：耐心、尊重與謙卑。隨著本領逐漸提升，約翰參加了當地的一些比賽，也建立起自信。

約翰十一歲時贏得州際與地區比賽優勝，三年後，在全國比賽中獲得金牌。接著繼續參加世界運動會與泛美運動會，也同樣站上了領獎台。

一九八八年，約翰受邀參加柔道隊選拔，準備參加當年在他的出生地南韓舉辦的奧林匹克運動會。然而在選拔前幾個月，他開始跟重視享樂更甚於發揮最佳表現的團體相處。

為了跟新朋友打成一片，約翰開始抽菸，並很快就發現自己一天要抽一整包。

儘管養成了抽菸的壞習慣，他還是成功打進準決賽，並且遇上先前在泛美運動會輕鬆戰勝的對手。但這次他的感覺不同了。就像小時候為了躲避惡霸而吃力踩著腳踏車一樣，他又開始上氣不接下氣。接著他明白了，沒有任何一位對手會染上像抽菸這樣的惡習，因為他們都專注在運動上的遠大目標。「我變得非常安於現狀，感到不受人重視，而這毀了我的柔道生涯。」約翰感到悲痛。隨著夢想煙消雲散，一切又要從頭來過。

轉向金融創業，單打獨鬥不得要領

雖然父母仍然鼓勵約翰從事法律業，但他認為自己的武術背景是很有價值的技能，因此轉為向CIA（中央情報局）與FBI（聯邦調查局）申請工作。但是在缺乏師資資格與博士學位的情況下，他們連面試的機會都不給他。當他問到有什麼課程能提升他在這行的錄取機會時，對方的答案相當明確：「法律。」在父母二十一年來的好說歹說之後，約翰終於念了法學院。

課程對約翰來說是達成目標的手段，雖然在深究合約法與憲法的過程中感到挫折，卻仍堅持不懈。畢業後，他在橘郡找到地方檢察官副手的職位。律師的日常生活似乎就像法學院一樣令人乏味又沮喪，他努力工作，這讓父母感到高興，但回到家裡卻覺得痛苦。他思索著，「如果每一天結束時我都不開心，這一切又有什麼意義？」

一九九四年二月，他遇見到了同樣具有法律背景，但是在金融服務業工作的艾爾琳。約會半年後，約翰與艾爾琳結婚了，一同安排未來五到十年的人生規畫。約翰堅持要走法律，但還是很討厭法律工作。有天，艾爾琳的薪水已經超過約翰，艾爾琳建議他參加一場金融服務大會，好對這一行有更多認識，並考慮轉換跑道。當時，他對再度踏進法律事務所的想法感到恐懼，於是夫妻倆開創了自己的金融服務事業。

爲了讓新事業起步，最初五年的奮鬥相當艱辛。艾爾琳掌管辦公室，約翰一年中大部分的時間都在飛機、火車與汽車上度過，忙著在全國各地尋找機會。當他回到位於洛杉磯郊區塞里托斯的辦公室時，他跟艾爾琳還是孜孜不倦地努力工作，時常睡在公司。

他們逐漸建立起客戶群，但不斷旅行開始讓約翰覺得疲累。有天他把租賃車停在購物商場外頭，穿著西裝坐在車裡吃著漢堡王。「這眞的值得嗎？」他心想：這五年來，同樣的負面情緒每天都會進入他的腦袋，催促他打退堂鼓，「如果做跟其他人一樣的事，我每天五點就能回家了。」

在他的腦海裡，這就像一場正面與負面自我對話的網球賽。「我才不要跟其他人一樣，辛苦一定會有回報！」他的正面自我如此反擊。他再次擺脫負面的碎嘴，堅信只要每天都全力以赴，最後必然能獲得超乎期望的成果。

因為《思考致富》開了竅，從此改變人生

業務開始成長，但約翰一家花了太多時間追求想要的結果——尤其是以年輕家庭的需求而言。這是兩人一生中最艱難的時刻，但他們彼此支持，繼續專注於目標。那年稍晚，他們獲得與業務相關的客戶一起到夏威夷旅行的機會。第一天，他們坐在泳池邊翻著菜單，看見光是一個漢堡售價就高達二十美元。約翰問妻子，「如果食物都這麼貴，我們該怎麼撐過這個星期？」

當天下午，他們看見客戶公司創辦人之一蒙特・荷姆（Monte Holm）從面前走過，決定表達自己的憂慮。「我們這麼辛苦工作卻一直難有進展，您可以給我們任何建議嗎？」兩人懇求著。

「享受夏威夷，並且磨利你們的斧頭。」蒙特回答。夫妻倆呆立在原地盯著他。

他解釋，「如果我們工作得太認真，雖然可以不斷把樹砍倒，但我們的斧頭終究會變鈍。到那時，你就再也砍不倒樹，而是被樹給劈倒。在夏威夷把你的斧頭磨利，我等你們回

到加州再聯絡。」

因此，夫婦倆盡情享受了輕鬆的假期。當他們回到洛杉磯時，接到了依約聯絡的電話：「申約翰先生，蒙特．荷姆希望您前往他位於猶他州的住家。」

約翰猶豫了。兩人在夏威夷的時光花費了不少積蓄，尤其當他們不在的這段期間並沒有賺到錢。約翰說，「我是很想去，也相當感激他的邀請，但不幸的是我現在沒有足夠的旅費。」

「別擔心。」電話那頭回答，「蒙特會派他的飛機前往。」

蒙特的私人噴射機從凡奈斯機場將他載到猶他州，讓他與這位似乎已經摸透全世界的男性見面。他在蒙特的住所待了三天，討論該運用何種策略才能不僅讓他的事業、更讓他的人生邁向成功。

旅途的最後，就在上飛機之前，蒙特又給了另一項建議，「你也需要閱讀《思考致富》這本書。」約翰點點頭後登上飛機。這句話從此改變他的人生。

約翰思考了手頭上擁有的資源後，仔細閱讀《思考致富》，以下這段話吸引了他的目光：

所謂的「智囊團」，代表兩個以上的人本著和諧精神將知識與努力相互協調，以達成一項確切的目標。如此型態的同盟合作幾乎是所有偉大財富的基礎，也是天才之人所訴諸的資源。

篩選出願意為了目標而付出努力的人，攜手合作

約翰致力於讓身邊圍繞著尋求更大財富、願意爲了實現目標而付出努力的人。他告訴公司的財務顧問，他要創立爲期九十天的集訓營，每隔兩週舉辦一次活動，從下午三點持續到午夜，與軍隊培訓菁英分隊概念相同。能夠堅持下去的人將成爲核心集團成員，並且能不斷獲得卓越無比的成長機會。

無庸置疑，人員數量在每次集會過後都會略爲減少，因爲很多人抱怨集訓的工作、時間與干擾。最後只留下一群幹勁十足的核心成員，他們具有一個共同特質——執著於追求成功的欲望——但年齡、性別、宗教、種族與教育背景等方面條件都各不相同。約翰告訴他的團隊，「你是誰都無所謂，成功並沒有差別待遇，只要達成需要完成的任務，成功自然會找上門。」

他們持續聚會，幫助彼此邁向成功之路。三個月後，這群核心成員成爲約翰公司裡績效

排名最佳的顧問團。約翰不斷舉辦核心集團課程——當然，每次都獲得同樣的成果。在第五次集訓結束後，約翰的電話響起——客戶詢問他能否到全國各地推廣他的方法。

約翰與艾爾琳結縭至今仍然堅定不移，兩人的事業已營運長達二十三年，成長至擁有超過一千個據點，麾下更領導著七千名強大的顧問團，版圖遍布全美與加拿大。想應徵這份工作的新鮮人只有一個條件——必須先讀完《思考致富》。約翰也指導了數千名學員，幫助他們成為成功的企業老闆。

這對夫婦也是熱心公益的慈善家，他們在世界上最貧困的國家成立了許多孤兒院，幫助成千上萬的孩童建立有關希望與自我價值的觀念。約翰未曾忘卻小學受到霸凌的過去，持續努力告訴大眾——無論處於何種背景或環境，只要能獲得些許助力並依循正確的計畫，人人都有無限可能。

雷根欽點的選舉利器

——廣告大師萊昂內爾・索沙

「如果你想成功，就創造點什麼、去可以賺錢的地方，並盡可能與更多人相處。」羅伯托這麼告訴他十二歲的兒子。萊昂內爾・索沙（Lionel Sosa）點點頭，他今天第一次到家中開設的洗衣店工作，而這句叮嚀將會一輩子留在他腦海中。

羅伯托剛剛帶全家人搬到德州聖安東尼奧富裕的近郊住宅區，還開了一間洗衣店，命名爲展望山乾洗店，以避免因爲自己偏拉丁發音的名字而受人欺凌。他認爲高收入的左鄰右舍能爲洗衣店帶來最佳的成功機會，因爲這樣一來會有更多送洗需求，還可以外包給當地洗衣店賺取更多收入。當時，索沙一家是唯一在展望山地區定居、甚至做生意的墨西哥裔家庭。

早慧的藝術少年

萊昂內爾從青少年時期就在洗衣店工作，幫忙父親應付所有需要完成的雜務。工作上的見習經驗讓他明白無論對方的種族、性別、職業或身價，都應該盡可能與更多人相處——這代表更加龐大的潛在客戶群，將會轉化爲更多持續增長的需求。

身爲移民的孩子，萊昂內爾的成長經歷融合了家中的墨西哥血統與聖安東尼奧的獨特文化。父親不斷建議他順應自己的藝術天分，並且與所有人交朋友來增加成功機會，母親則灌輸他成功所不可欠缺的職業道德，她總是說，「身爲拉丁美洲人，如果你想獲得同樣的機會，就必須更加努力、不斷努力。至少要比其他人優秀一倍，才不容易被忽略。」

萊昂內爾喜歡看父親畫精細的素描，並很快發現自己也有藝術天分。他就讀職業高中，這所學校除了基礎學科，更重視貿易與藍領技能，例如木工、汽車機械學與室內裝潢。

對萊昂內爾來說，選擇科目一點也不傷腦筋，他每年都選修商業藝術課程，每天花上三個小時來琢磨自己的創意天賦。羅伯托會用淺色粉刷家中洗衣店後方的磚牆，並出於玩心讓兒子將這片空白畫布揮灑成一幅特別的畫。

教大家成為百萬富翁的學校

高中畢業後，萊昂內爾在德州霓虹招牌公司找到時薪一．一美元的工作，負責設計招牌，再交付生產後，豎立在聖安東尼奧街頭巷尾的店面與建築物上。萊昂內爾也娶回他一生的摯愛凱西，建立了家庭。在招牌公司任職的這段期間，萊昂內爾與三十九歲的同事雷納德．戴克（Leonard Dyke）往來頻繁，此人出生於富裕家庭，在城裡擁有強大的人脈。

某天，雷納德說，「萊昂內爾，你是個聰明人，爲什麼要做薪水這麼少的工作？」

萊昂內爾說，「不少啊，而且這份工作很有意思！」

「你沒聽懂我的話。」戴克回答，「你明明就可以賺更多錢。我從現在開始，每週三都帶你去跟我朋友共進午餐，他們賺的錢多到會讓你昏頭。」

雷納德依約邀約朋友共進午餐，並把萊昂內爾盡可能介紹給更多人認識。雷納德每個星期都告訴萊昂內爾，要一起吃午餐的人並沒有比他聰明，但每個人的薪水都是他的六倍、七倍，甚至八倍。「他們不是天才，只是普通人而已。」他對這位年輕的招牌設計師這麼說。

短短幾週後，萊昂內爾聽見有位女性在隔壁辦公室與業務員交談。兩人的談話透過敞開的門傳了出來，他聽見她說，「我想訂一面小招牌給我在市中心的新事業——拿破崙．希爾個人成就學院（Napoleon Hill School of Personal Achievement）。」會議結束後，萊昂內爾走出來自我介紹。

「可以請妳告訴我這間學校教什麼嗎？」他問道。

「很簡單。我們教大家成爲百萬富翁。」她回答。就在雷納德想通了只需要獲得一點幫助就能闖出一番成就後，這位女性沒多久就出現在辦公室，似乎是個奇妙的巧合，萊昂內爾決定報名，並且想出了籌措學費的計畫。

二十六歲的萊昂內爾跟父親一起來到銀行，父親向銀行口頭擔保萊昂內爾一定會清償借款。「我不會爲他做保，因爲他需要學習承擔；但他是信守承諾的男子漢，必定會還清每一分錢。」當時是一九六六年，有了向銀行借來的兩百五十美元，萊昂內爾報名爲期十七週的課程。從那刻起，他便學到成功的法則，並開始運用在生活中的各個層面。

許願五年內建立德州最大畫室

他創立了索沙藝術（Sosa Art），後改名爲索式藝術（SosArt），他的目標是在五年內成爲德州最大、最優質的繪畫工作室，也希望能讓自己獲得每小時二．五美元的薪水，足足是當時最低薪資的兩倍。當他更加得心應手也更加成功之後，對於收入的野心也愈來愈大。

隨著歲月流逝與業務成長，萊昂內爾持續努力工作，下定決心讓身邊圍繞著能讓自己技能大幅提升的人，因此與高中好友盧佩・加西亞（Lupe Garcia）合作，讓他負責作畫方面的工作，自己則利用十七週的課程所學來招攬業務。當公司成長至擁有二十五名職員，有天萊昂內爾望向日曆，笑著回想，「天哪，眞的在五年內實現了！」他已一手創建了全德州最大的繪畫工作室。

進軍廣告業：左右選舉的廣告力

實現目標的三年後，萊昂內爾覺得廣告業是正在蓬勃發展的產業，可以帶來更多機會。繪畫對他來說是很好的工作，但這只是其中一個元素。聚焦於廣告，表示他們能爲整個行銷領域增添價值，並同時提供廣播與電視廣告的專業知識。爲了鞏固關鍵樞紐，萊昂內爾與盧佩將事業跟貝弗利・寇納（Beverly Coiner）與華倫・史都華（Warren Stewart）所帶領的代理機構合併，全球許多最棒的創意人才都曾與這間機構共事：艾德・雅爾當聯合事務所（Ed Yardang & Associates）就此誕生。他們爲了一致的願景合作：在五年內成爲聖安東尼奧最大、最優質的廣告代理商。雖然花了八年才達成目標，但他們仍然建立起全德州首屈一指廣告代理商的名聲，擁有七十五名員工，更橫掃所有大型創意獎項。

一九七〇年代後期，萊昂內爾聽見拉美市場逐漸成長，並將於廣告產業中占有一席之地的消息。一九七八年，公司接到約翰・塔爾（John Tower）的來電，希望他們著手協助他的競選活動。自美國重建時期以來，約翰是德州選出的第一位共和黨美國參議員；當時，整個南方地區——從佛羅里達州到德州——都被視爲民主黨的鐵票州。這位難以捉摸的參議員受過雙語教育，爲種族融合而奮鬥，並歡迎拉美住民來到德州，更成功預測他們將以新興中產階級的身分在德州崛起。儘管贏得了前兩次選舉，現在對手的聲勢卻占了上風。約翰陣營相信雖然過去未曾有著名共和黨參選人鎖定拉美裔選票，但只要激起大部分拉美裔選民的支持，或許就能扭轉頹勢。雖然萊昂內爾與同僚並沒有從政經驗，還是在慫恿之下前去提案並奪下這門生意。

競選活動開始時，約翰團隊對萊昂內爾的廣告團隊能力深信不疑，因此除了原本只針對拉美市場製作宣傳素材的規畫，他們還肩負起他所有競選廣告的任務。他們展開宣傳的時間比以往其他候選人的腳步都早許多，還錄製了一段令人印象深刻的六十秒廣告歌，占據各大廣播頻道——當時相當流行，許多人認爲這是一首眞正的歌，而不是爲美國參議員背書的付費宣傳。電視廣告表現出約翰積極投身拉美裔社區，並向許多主要社群喊話。最終，他們的行銷組合相當成功，使共和黨候選人在當地的知名度達到史上新高。隨著開票結果湧入，約翰勝出，贏得三七%的西語裔人士票數，而共和黨過去在德州的得票率從未高於八%。

心懷感激的美國參議員詢問該如何回報，萊昂內爾說，「這個嘛，你可以幫我們多拉點生意。」約翰回答，「我可以幫你更大的忙，我會讓你得到前所未有的知名度，我要把你的故事刊上華爾街日報。」

拉美市場強力吸鐵

幾個月後，文章發表了，關於德州廣告代理商可能左右選舉的消息如野火般傳開。萊昂內爾回想，「大家認爲如果我們能說服拉美裔選民別投給民主黨，而是投給共和黨，那我們當然也能說服他們購買特定的消費產品。」很快地，全球最著名的品牌——包括可口可樂、庫爾斯（Coors）與百加得（Bacardi）——都來電尋求能吸引拉美市場的建議，並且捧著大筆預算上門。這間廣告代理商的酬勞通常占每個客戶廣告支出的一五％，大約五至十萬美元不等；然而在與約翰成功合作後，這些大型企業每年帶來高達五百至八百萬美元之間的預算。突然間，他們公司從這三大客戶手上獲得的業務量已經超過以往所有客戶的總合。

萊昂內爾的業務夥伴不希望只專攻拉美裔市場，因此這位廣告大師出售了他在公司裡的股份，隻身出走，並於一九八〇年成立索沙聯合（Sosa & Associates），以幫助各大品牌引起拉美裔族群的共鳴。當約翰強烈推薦他給另一位嶄露頭角的候選人雷根時，他又被拉回政治領域之中。

當廣告大師遇上雷根

雷根時任加州州長，將吸引西語裔選民的重任委託給萊昂內爾，並於一九八〇年贏得第一場白宮選戰。不過卻是在一九八四年的連任競選中，萊昂內爾才眞正獲得主導權與相應的預算，以他所想要的方式來主導競選活動。

從加州到佛羅里達州，萊昂內爾看見在全國不斷蓬勃發展的拉美裔市場愈來愈以商業爲導向，對英語媒體的收視量也日益增加。萊昂內爾發揮他獨特的廣告風格，瞄準拉美裔人口衆多的戰場州。結果出爐，對雷根與共和黨而言都是壓倒性的勝利。

爲了在離開一家企業、創立另一家公司並連續主導總統大選宣傳活動的忙亂中保持專注，萊昂內爾一直遵循受希爾課程所啓發的藍圖：擬定目標、奮力工作並絕不放棄，無論再怎麼困難都不退縮。

憑藉兩次總統競選活動的成功經驗，當時的雷根總統——在兩屆任期後不再具有連任資格——將萊昂內爾介紹給副總統喬治·布希。萊昂內爾在布希的兩次競選中同樣擔任針對西語裔選民的宣傳主任，並在第一次大選中獲勝，但是在年輕氣盛的民主黨候選人比爾·柯林頓猛烈的攻勢之下，共和黨長達十二年的總統任期畫下句點。萊昂內爾的代理公司持續壯大，成爲美國最大的西語裔廣告代理商，每年營收超過一億美元。

萊昂內爾後來接受徵召，協助小布希參與德州州長的連任競選，而萊昂內爾過去曾經奏效的宣傳方式也吸引了更高的得票率，爲這位現任共和黨人拉攏了高達四九％的拉美裔選票。接著，小布希邀請萊昂內爾加入團隊，並贏得二〇〇〇年總統大選，又在四年後再次勝選。

身爲移民的後代、曾在聖安東尼奧從事招牌設計的萊昂內爾・索沙，從卑微的出身中昂然挺立，參與了六次總統競選活動，並贏得其中五場大選，同時也爲整體廣告產業帶來革新。

二〇〇六年，萊昂內爾出版了《思考致富：拉美裔的選擇》（*Think and Grow Rich: A Latino Choice*），詳細探討他如何利用拿破崙・希爾的成功法則，從每小時只賺一・一美元的生活，邁向影響力擴及社會各階層的繁盛人生。時至今日，他最大的熱情便是鼓勵拉美裔社群了解，如何一貫地應用已然證實有效的法則、擁抱革新，並且與高績效團隊合作，藉此爲所有勇於思考自身處境的人帶來生命改變。

回顧卓越的人生，萊昂內爾認爲最大的成就是與妻子長達三十年的婚姻，並從她身上獲得了無條件的愛與支持。今天，這對夫婦擁有八名子女、二十五名孫子與二十五名曾孫。

破億驗證・成功法則⑪

潛意識

建立連結的媒介

潛意識本身是種媒介，

用以將祈禱傳達至能夠回應祈禱的源頭。

——拿破崙・希爾

破億驗證・成功法則⑪

潛意識

即便是未受過教育、一貧如洗或是處於任何狀態的人，都同樣能運用渴望與潛意識之間的關係。始終如一地把你最想要的事物清楚表達出來，讓潛意識得以從各個面向吸收，轉化為持續且有目的性的行動。

在研究成功學時，你將開始明白在社會上遭受挫敗的模式——新年新希望就是最常見的例子，尤其是圍繞著健康與完美體態打轉的決心。

訂下這類目標的人通常是一時興起，除非目標成為執念，並受到信心、條理分明的計畫、持續性的行動與毅力所支持，否則成功的可能性極低——這就是建身房在十二月空無一人，到了一月卻人滿為患的原因。另一種人則是期望光靠祈禱就能扭轉局面，這大多是出於恐懼所產生的反應，且通常發生在最後一刻。然而，若能妥善運用潛意識，它幾乎能將所有祈禱轉化為明確的計畫，以達成內心所祈禱的目標。

每一項偉大的心血、創新或成就都源自單純的思想衝動。在追尋夢想的路上，先從小處著手、建立信心，但別把渴望局限在容易實現的目標上。在第五十一屆超級盃中，新英格蘭愛國者隊四分衛湯姆・布雷迪（Tom Brady）正是由於善用潛意識而得以保持鎮定，並在亞特蘭大獵鷹隊氣勢如虹時等候時機到來。在第三節落後二十五分的情況下，這位三十九歲球員的腦海裡只有一句話：「我們一定要得分。」接著他奮力拚搏，創造機會帶領愛國者隊奪得勝利，造就了超級盃歷史上最大的逆轉勝。

狀態良好的潛意識並不會防止壞事發生，而是持續將與眼前事件相關的能量重新引導至更加積極、更有成效的手段上。如此一來，便能大大提升長久致勝的可能性。

十九歲的百萬富翁

●●●

——十億美元企業家埃羅爾・艾布朗森

一輛法拉利在濱海公路上呼嘯而過，將眾人望向岸邊洶湧海浪的目光吸引至光滑的車身輪廓上。在加州的新港灘，這是個陽光燦爛的夏日，正好適合開車。

十四歲的代客泊車小弟，埃羅爾・艾布朗森（Errol Abramson），看著遠方的紅點化爲全新的一九六四年款紅色法拉利跑車——他夢寐以求的名車。隨著車子放慢速度轉進停車格，埃羅爾感到幸運不已。

車子停在餐廳門口，他興奮地打開車門，招呼車主享用豐盛的午餐。這位年輕泊車小弟將法拉利開到繁忙的停車場附近，試圖找個理想的位置，同時想像有多麼可觀的小費在等待自己。「十美元、二十美元……或者甚至五十美元！」他估算著。

注意你的態度，讀讀《思考致富》

埃羅爾把車停在最好的車位，就位於餐廳正門口，接著回到崗位上。若有其他車輛駛來，他便招手要同事過來，把機會讓給其他人——因爲如果他忽略所有新上門的顧客，並一直待在距離車鑰匙一．五公尺範圍內，到時負責取回跑車並收下小費的人必定是自己。

法拉利的車主吃完午餐走向出口。埃羅爾急忙跑開並迅速把車開回來。他打開車門，殷切期盼著小費到手。

車主低頭看見埃羅爾的褲子上有個破洞，隨後掏出一大把現金。男孩心想，「他一定是要讓我買條新褲子。」男子剝下一張皺巴巴的一元鈔票遞給泊車小弟。埃羅爾內心一沉。他知道自己應該心懷感激，但此時失望之情全寫在臉上。

注意到他的態度後，駕駛抽回泊車小弟手中的鈔票。埃羅爾不知道該做何反應，畢竟當錢揑在他手掌中的那刻起，不就已經完成交易、所有權也易主了嗎？但現在這位富裕男子卻想把鈔票從顯然更需要錢的人手上拿走。

駕駛拿出一支金筆，在鈔票上寫了幾個字再把錢遞回去，說道，「孩子，你的態度需要調整，讀讀那本書吧。」

隨著法拉利駛離自己的人生，埃羅爾低頭盯著手中緊握的鈔票，上面寫著：「《思考致富》，拿破崙・希爾。」

下週六，埃羅爾來到一間書店門口，拿出自己居然還沒花掉的那張鈔票，走進書店。他詢問店員店裡有沒有拿破崙・希爾的《思考致富》。有，售價九十九美分。埃羅爾啪一聲把錢放下便離開書店，不確定是否真能買來什麼神奇的力量。

這位十四歲少年對於逆境並不陌生。他的成長過程艱辛，母親很早就過世了，而且與遠在加拿大的父親關係緊繃。他獨自住在破舊的公寓裡，靠著代客泊車與餐廳雜工勉強維持生計。

拓展意念，看見成功機會

埃羅爾有閱讀障礙，讀書對他來說並不容易。但他很好奇，想知道法拉利駕駛到底了解什麼自己不了解的事，於是他翻開書，一頁一頁緩慢讀著。整個週末，他只從公寓離開過一次——爲的是買筆記本回來做筆記。

星期一，他爲了繼續讀書而翹課，接著在隔天把書讀完。作者保證只要讀者能掌握散落在書頁間的奧祕，就能找到必定能成功的道路，達成自己想要的任何目標。對於生活只比流浪兒稍微好一點的窮苦男孩而言，著實令人著迷。他寫下最瘋狂的願望，儘管其中有許多成功故事（像是擁有法拉利），對於當下處境的他簡直是場白日夢。❶接著他寫下自己想成爲百萬富翁，認爲變得有錢將能賦予他所渴望的地位與尊重。

星期三早上，他從公寓出發向學校走去。走到半路，他笑了出來。他的生活沒有任何實質改變，卻第一次覺得自己已經不再貧窮。《思考致富》拓展了這位少年的意念，他突然開始看見能帶來實際報酬的機會。

五年後成為百萬富翁

兩年後，埃羅爾已經從事過各種奇奇怪怪的工作，爲的就是存下足夠的錢，等待更大的機會上門。當時正處於不動產市場的旺季，他與在洛杉磯北部打算出售房子的屋主接觸，並開始購買住宅用不動產的選擇權（實際上是出售權）。他提供房主一千美元換取選擇權，假如他在九十天內未能售出選擇權，屋主就能留下這一千美元。如果選擇權賣出了，那屋主就不必支付任何房地產交易佣金。介於不動產的預估售價與已實現售價之間的差額，便是埃羅爾的收入。事實證明這是套成功的公式，而他重複實行這套公式（連續四十四筆買賣），每

---

❶埃羅爾現在仍然會把各種點子寫在遍布家中的筆記本上，無論看似多遙遠的想法都不放過。

筆交易至少賺進五千美元，遠遠超過他在餐廳賺錢的能耐。

接二連三的勝利激發他從事更大筆交易的胃口。他用自己的橫財作爲一棟老舊公寓大樓的頭期款，並以現有租戶的租金收入支付交易的剩餘款項。在寫下第一個財務目標的五年後，埃羅爾・艾布朗森成爲百萬富翁。

靠維他命事業獲得穩定的現金流

儘管這位十九歲青年已累積了龐大的資產基礎，並且朝自己想要的生活邁進了一大步，手邊卻沒有多少現金。爲了改善這個問題，埃羅爾開始從事維他命買賣，利用剩餘的可用資金購買庫存並支付其他設備花費。交易主要是透過郵購進行，這代表客戶必須先爲產品預付費用，進而爲這位嶄露頭角的企業家提供穩健的現金業務。

他借鑒所能找到每位商場領袖的成功習性，並捫心自問能夠從他們的失敗中學到什麼，進而避免犯下同樣的錯誤。閱讀對他來說仍舊不容易，不過他盡可能參加更多優質研討會，透過最有利的方式來吸收資訊。

維他命事業迅速拓展，埃羅爾的店面很快就在城裡開枝散葉。他在著名廣播電台建立具影響力的人脈，也不時到每間店裡客串促銷。公司還採取批發與零售並行的策略，以實現最大利潤。

為了讓整體銷售策略更加完善，埃羅爾創辦健康雜誌，以提升消費者對於各類營養補充品的認知。這吸引了著名醫學從業人員為他的維他命產品擔任品牌代言人，並提供內容來使雜誌更具正當性。隨著資金湧入，他將公寓大樓改為獨戶產權公寓之後售出，賺取可觀的利潤。

他的商業帝國繼續擴張，但是他從未停止個人發展的腳步。假如他不知道該如何做某件事，他會聘請該領域的專家指導他如何完成，或是乾脆請對方代勞。埃羅爾打死不退的行動致使他犯下許多錯誤，但是他仍然從容面對，並且當作是學習經驗——視為修正計畫與邁步向前的良機。

如今，這位不拘一格的企業家已經在各大行業中創立、收購與出售將近五十家企業，包括零售、房地產、金融、製造、體育、保健與市場行銷等產業。他所創建的四家公司年銷售額已經突破十億美元。

對於自己的所有成就，埃羅爾還是覺得不受矚目的生活最自在。在為財星美國五百強企業提供一段時間的諮詢服務後，他現在把時間用來為小型企業部門提供專業知識，並且指導正不斷壯大、志向遠大的商業領袖團隊。於本書撰寫時期，他也正在協助三間新創公司起步。

埃羅爾．艾布朗森繼續履行推廣《思考致富》法則的使命，更曾親自送出超過一千本《思考致富》，這本書改變了他的一生。

企業的靈魂

——艾瓦達資源創辦人布雷恩・巴列特

布雷恩・巴列特（Blaine Bartlett）在搭飛機回美國途中，把臉貼在窗戶上，凝視著點綴在鄉間風光中的城市與小鎮。在歐洲的九個月（這是他首次到海外旅行），使這位二十一歲青年接觸到從未知曉的體驗、文化與機會。他露出笑容：這種充滿生命力的感受，便是他在往後人生中唯一想要的目標。

回到華盛頓州的西雅圖，布雷恩從當地報紙上找了份工作，好讓自己重新累積銀行餘額並增加商業經驗。在他上班的第一週，某位同事在辦公室裡來回穿梭，詢問員工是否願意送退休禮物給公司最年長的員工魯本。

「他在這裡工作多久了？」布雷恩問。

同事回答，「五十年。」

布雷恩擠出笑容，但這答案使他感到不安。在那個年代，長期待在穩定的工作崗位上相當普遍——很多人家裡的報紙一訂就是十年、二十年或三十年，但五十年可說是一輩子了。

布雷恩走向坐在牆角辦公桌的魯本，想了解他對漫長職涯與即將退休有什麼感覺。魯本認爲他的生活很規律、一切都在掌握之中又安全無虞——正好符合他的喜好。儘管魯本萬分肯定，又是個討人喜歡的傢伙，但布雷恩在歐洲的冒險已經讓他改變了觀點，從中看見不同的面向：墨守成規。「這不會是五十年後的我。」他心想，「絕對不是。」

你就是人生的創造者

那年稍晚，朋友邀請布雷恩到奧勒岡州的波特蘭參加個人發展訓練課程。當時是一九七〇年代初期，「心靈成長／勵志」正逐漸發展成一門蓬勃產業。課程內容立刻引起布雷恩的共鳴：成功不分種族、性別或教育程度的見解；我們內在深處都蘊藏著等待自己挖掘的潛力；只要了解如何將潛力轉化爲繁盛的公式，就能獲得成功……這些概念將布雷恩內心對成功的感受具體化。訓練課程持續了五天，而他迫不及待報名了進階課程。

第二門課程同樣帶來諸多啓發。明白自己是人生的創造者——透過正確的思維，幾乎就能獲得自己想要的任何事物——影響了布雷恩對於時間與空間的看法。接下來的一整週，他努力聚焦於一個重點：活在當下。他回想，「那個星期，我在人生中第一次感到如此清醒。」

對於這次工作坊教材的興趣與熱情，讓布雷恩獲得在課程協辦公司內部的工作機會。同時，在超過兩人面前演說的想法嚇壞了這位二十二歲青年，但他也先接受訓練以克服恐懼。公司內有位名叫卡菈・福斯特（Cara Foster）的女性，她的鼓勵與引導幫助布雷恩脫離舒適圈並建立自信。卡菈的指導精進了他的表達與應對技巧，讓他得以在未來五年內前往全美各地，教授這套對於改變人生帶來莫大助益的課程。布雷恩同時也承擔了更大的責任，最終成爲公司管理階層內的資深大老。

亞洲最大人力資源諮詢課程的龍頭

隨著布雷恩的事業成長趨於平穩，他感受到迎接下一份挑戰的衝動。他離開了心靈成長產業，投身金融服務業，負責出售抵押擔保證券。他對於人類心理有了截然不同的認識，了解到人們將金錢視爲珍貴的資源，而不是用正確的思想與計畫就能吸引而來的物品。

一九八一年，他收到朋友丹尼斯・貝克（Dennis Becker）的邀請，協助著手東岸的一項諮詢企畫。他接受這個有趣的提案，好奇地想知道將專業知識應用於個人發展領域能爲企業界帶來哪些幫助。

他們的任務說來簡單，執行起來卻很困難：他們要以盡可能節省成本的方式，關閉位於紐約水牛城的一家大型鋼鐵廠。由於管理階層與勞工一直水火不容，再加上各種總體經濟因素，業務變得難以維持——公司單單上一年就損失超過十億美元。布雷恩與丹尼斯迅速意識到管理階層與高度工會化的勞工之間產生脫節，並且設計出用來提升雙方意識的課程，使他們無論現在或未來都能做出更好的抉擇。

隨著新課程的實行，以及管理階層與勞工之間的關係開始改善，布雷恩與丹尼斯了解他們可以從實際上節省工廠的某些營運條件。經過一年，在大量採行布雷恩過去向個人傳授的原理後，他們得以維持三座工廠的運作，爲公司省下數億美元，更在過程中留下了數千個工作職位。這項企畫的成功讓布雷恩明白，假如能夠在企業中產生正面的改變，必然也能對全世界的人們帶來成果。

完成東岸的任務後，丹尼斯飛往日本爲個人授課，並提議布雷恩加入。看見自己的教導對全然不同文化中的個人產生巨大影響——透過口譯員與日本聽衆交流——是他們需要的最後一項證據。他們準備了爲企業界量身打造的專業化課程，並將專業知識提供給新的受衆。授課需求以超出他們預期的速度成長，因此他們在日本與香港持續著縝密的教學排程。僅僅三年後，他們發現自己已然成爲亞洲最大人力資源諮詢課程的領頭羊。

創造高獲利與勞資雙贏的公司文化

布雷恩在三十八歲回到美國成立自己的公司：艾瓦達資源（Avatar Resources），迅速引起大型電信公司的興趣，並製定課程來幫助調整他們的業務綱領——對於目標抱持何種思維——也將公司每個階層的個人責任、選擇與意識協調一致。這種多管齊下的方法統一了管理階層跟勞工的聲音與利益，創造出一套共生文化，而這種文化也會反映在每個人往後幾年的資產負債表上。最重要的是，大家在工作場合感到更加快樂、充實。艾瓦達資源持續成長，不斷爲美國、日本與澳洲客戶提供服務。

透過與這些公司的合作，布雷恩注意到企業的使命往往無法妥善轉化爲實際行動，兩者之間有所脫節。他會這麼問，「你的組織是帶有企業的使命，還是帶有使命的企業？」這個問題協助重新定義公司內部的思維，不再讓有害文化盛行，並把員工當作可拋棄的資源，而是將員工視爲值得培育的強大資產。布雷恩樂於接受從結構面改革公司樣貌的挑戰，同時創造全盤皆贏的文化與高獲利，並繼續盡可能爲更多人提供協助。

慈悲資本主義的願景

二○○六年，布雷恩的毅力受到考驗。他帶著結婚十五年的妻子帕姆就醫時，她已經因爲長年的背痛不斷加劇而愈來愈虛弱。醫生雖然已排除某些常見疾病，但堅持要她接受預防性的血液檢驗，並承諾會在檢查報告出爐時保持聯繫。隔天，布雷恩正在藥房領取肌肉鬆弛劑時，電話響起。醫生指示，「停下你手邊的事，你們需要馬上回診。」

夫妻兩人爲顯然即將需要面對的消息做好心理準備。醫生說，「妳罹患了名爲多發性骨髓瘤的癌症。」並在當天下午爲他們預約了腫瘤科醫師。儘管帕姆之後進行了多次化療與一次幹細胞移植，似乎都沒能擊退病魔。縱然有全面的健康保險，但醫療支出補助還是有限。光是每個月的藥物費用就超過一萬五千美元，這對夫妻在各方面都在爲生命奮力一博。

由於全心專注於妻子的健康並擔任主要的照護者，布雷恩的公司幾乎面臨關閉。突然間，與他個人生命中眞正的困境相比，幫助公司實現每季目標顯得微不足道。儘管帕姆勇敢地與病魔搏鬥，還是在五年後過世。同一時期，布雷恩的父母也辭世了。妻子是他二十來的生命支柱，父母則在他的人生中提供了無條件的支持，爲了面對失去他們的痛苦，他改變了生活方式，開始深刻地沉思，無論當時處境看似多麼艱辛、不公平或殘酷，都能感受到生活中發生的一切事物之間的精神連結。

這段艱難時期鞏固了布雷恩的信念，也就是任何資本主義社會都需要蘊含慈悲的元素。他說，「在今天的世界，任何行業都有機會徹底改變我們在地球上的生活方式。現在比過去任何時候更需要慈悲之心。讓我們開始掌握手邊一切事物的精神。」他重新調整自己的使命，對於心懷慈悲更加重視，並開始幫助每間公司發掘所有行爲背後的精神——如何感受生命力。

今天，透過與商業領袖、大學院校與各大會議的合作，布雷恩已經直接影響了數百萬人的生活。除了身爲領導才能、組織發展與改革管理領域全球公認的一流權威，他還是三本暢銷書籍作者，包括與大衛．梅爾澤合著的《慈悲資本主義：企業的靈魂之旅》（*Compassionate Capitalism: A Journey to the Soul of Business*）。艾瓦達資源如今在四個國家設有辦公室，更爲全球最大的數間公司提供諮詢服務。布雷恩同時樂於教導千禧世代如何將負面觀點重新建構成正面觀點，並利用進取的本性創造充滿無限可能的未來。

布雷恩也再次找到人生中的幸福，最近剛與辛西婭結婚，妻子也認同他對慈悲資本主義的願景。

破億驗證・成功法則⑫

大腦

思想的廣播與接收站

所有思想都會顯化為相對應的實質狀況。

——拿破崙・希爾

破億驗證・成功法則⑫

大腦

大腦是所有成功與失敗的通道。作為思想的廣播與接收站，大腦會根據它認為你在生命中最必要的事物所帶來的振動頻率進行運作。透過情緒所激起的想法，無論是好是壞，都會以較高的振動頻率刺激大腦，因此更容易轉化為大規模的行動。

在民主國家，希望透過立法推動變革之人，只有在大多數人民的支持下才辦得到。為了實現這項目標，偉大的政治領袖會運用自身政黨與未來投票群衆之間在情感頻率上的交流。歐巴馬的「我們一定辦得到」口號與川普（Donald Trump）的「讓美國再次偉大」口號，都為他們的勝選帶來重大助力。歐巴馬與川普都透過競選活動清楚概述他們的目標，激起了對於建設性目標的強烈情感迴響，並使他們與大衆的頻率趨於一致。如此一來，他們便成功獲得留名青史的政治勝利。

大腦在與經過定義的結果妥善校準後，會利用自我暗示與潛意識來提供你達成任務所需的一切。這通常是透過鎖定其他人的大腦所發出的相似振動頻率來實現，相似的頻率經過組織與你本身的頻率配對，並導向你所渴望的事物。相反地，具有負面振動頻率的人會散播憤怒、恐懼與憎恨的情緒，而振動頻率較微弱的人，通常會受到拖延與冷漠所累。

矛盾的是，擁有巨大物質財富的唯一途徑，是利用必要的**無形**之力來獲取財富。然而，太多人並未審視內在，而是將溜走的財富或欠缺機會怪在全世界頭上。幸好，只要學會如何運用成功學，任何人都能立刻找到解決這項問題的方法。請記住，歷史上的每項偉大成就都曾經是單純的思想衝動。能夠將大腦調整成擁有廣播電台般強大功率的人，將發現大腦很快就會採取一切必要措施來幫助自己實現願望。

你的腦袋裡藏著一台超級電腦，只要透過思想的振動就能打造出極度強大的網絡，並立刻轉換成實體的手段。這股動量將隨著你為了達成明確目標而吸引來的無數成員不斷增強。先找到你的熱烈渴望，接著運用你最強大的資產（大腦），讓渴望顯化為現實。

黑人百萬富翁的成功祕訣

——《思考致富：黑人的抉擇》作者丹尼斯・金布羅

‧‧‧

正在閱讀的丹尼斯・金布羅（Dennis Kimbro）自書頁中抬起頭來，內心震驚不已。在他出生的一九五〇年，全美國十萬名百萬富翁中只有五位非裔美國人。

得知這項數據之後，這位大學生的人生從此改變。他一直都抱持著消弭世上不平等現象的熱忱，但問題現在卻離自己的家鄉這麼近——他要爲美國的種族平等奮戰。丹尼斯立志訪問所有頂尖的非裔美國成功人士，分享他們的祕密來平衡財富差距。

發願消弭種族不平等

大學畢業後，丹尼斯列出他能想到的五十位最成功非裔美人名單，一一邀訪。當他到美國各地採訪時，便意識到可以將更多人添加到名單中，最後列出了多達一百五十人。爲了籌措旅費和研究花費，丹尼斯一直在企業界工作，最初從事製藥業，後轉戰顧問業。他在每次訪問中都會提出相同的問題，試圖找出成功的模式。他計畫利用採訪內容出版一本書，名爲《偉大之所以偉大》（*What Makes the Great Great*），這也是同類著作中第一本聚焦於非裔美人的書。

他對於與全世界分享這份訊息的願景感到興奮，針對未開發國家的貧富現象進行研究，取得了博士學位。接著他在名單中加入兩位關鍵人物——非裔美人企業的倡導者厄爾．格雷夫斯（Earl Graves）和約翰．強森（John Johnson）——他知道採訪這兩人能帶來一定的說服力，以利未來邀約更多傑出名流。

幾個月裡，丹尼斯埋頭寫書並致電厄爾（他是位備受推崇的美國企業家與媒體發行人），但總是得到這樣的回覆：「厄爾太忙了，無法回應您的請求。」最後，丹尼斯發現一條雖然關係極爲淺薄但可能有用的人脈，某位朋友的朋友的朋友正好是厄爾的遠親，因而受邀參加厄爾據傳也會出席的婚禮。丹尼斯向聯絡人提出簡單的要求：將一張手寫便條交給厄爾。婚禮過後兩個星期，也是在首次接觸的兩年半後，丹尼斯接到電話，受邀前往厄爾在紐約的辦公室進行採訪。兩人握手後，厄爾看著丹尼斯的眼睛說，「年輕人，我很欣賞你的毅力。」

堅毅的努力，吸引來一份特殊的任務

隨著丹尼斯進行採訪與撰寫手稿，關於他這項任務的消息開始傳開。最後，各家報章雜誌的邀請滾滾而來，想知道這位年輕作家是否有興趣爲他們的出版品撰文。一九八六年，他在美國《成功》雜誌上發表的其中一篇文章輾轉來到威廉・克萊門特・史東（William Clement Stone）眼前。威廉是時任拿破崙・希爾基金會主席，也是美國最富有的人之一。同年十一月，威廉致電邀請當時三十六歲的丹尼斯到芝加哥的辦公室會面。

威廉在會議上熱情地問候丹尼斯，將他介紹給拿破崙・希爾基金會執行董事麥克・里特（Michael Ritt），以及摯友兼作家羅伯特・安德森（Robert Anderson）。噓寒問暖過後，三位巨賈言歸正傳。

「讓我告訴你爲何我們邀請你來這裡。」威廉開始說，「拿破崙・希爾生前致力的最後一項計畫，是一本專門寫來啓發非裔美人獲得財富的書。」他將一百頁的手稿放在丹尼斯面前。「這放在我桌上已經長達十六年了，我們希望你能成爲共筆作者，以任何你認爲合適的方法改寫，之後我們就能首次出版本書。」

過去三年來，丹尼斯放棄有償工作，將所有時間用來撰寫《偉大之所以偉大》的手稿，且已接近完工。現在家裡有三個小孩要養，全家人正爲了生計咬緊牙關。他懇求著說，「我可以幫忙，但需要某種形式的財務支援。」

「不，我們不會提供任何財務協助。」威廉堅定地回答，「當安德魯・卡內基要求拿破崙・希爾為了一項任務花費二十年歲月時，卡內基並沒有付錢給他，而我們也不會。」

丹尼斯不安地推託，想起了多年來一直支持他的妻子，以及他該如何完成這項任務。

「把手伸出來。」威廉接著說，將一枚勳章放在他張開的手掌中。「以往從我手中接過這枚勳章的人，都從未辜負他們的目標。」丹尼斯點點頭，同意無償編寫。在兩個小時的會議後，他向威廉、麥克與羅伯特道別，前往芝加哥機場搭機返家。在飛機降落於喬治亞州的亞特蘭大之前，丹尼斯將希爾的手稿仔細整理好。

妻子派翠西亞在機場見到他，開口問道，「他們要給你工作嗎？」

他回答，「算不上工作，他們希望我寫一本書。」

「又要寫書？」派翠西亞說，「你有告訴他們你已經在寫書了嗎？你打算寫幾本這種題材的書!?」

雖然他已經承諾威廉，但又要再花三到四年完成一本沒有報酬的書，他的家人可承擔不起。猶豫不決的丹尼斯專心寫完《偉大之所以偉大》，希爾的最後著作則先擱置一旁。四個月後，派翠西亞認為他至少應該先打電話到拿破崙・希爾基金會，告訴他們目前的情況。

像寫信給朋友一樣寫這本書

丹尼斯同意了，但想拿出一些實際證據來表示自己有進度。幸好，他已經對現有手稿進行了數百小時的研究，但他想確定自己的文筆能確實仿效希爾從一而終的寫作風格。在完成九十頁的初稿後，他印出稿子並包裝在隔夜送達的FedEx快遞信封中，連夜寄往芝加哥。但是麥克與羅伯特並未在手稿中感受到熱情，一把將稿子扔進垃圾筒。

之後丹尼斯又嘗試了修訂版——這次有一百二十頁——再次連夜寄到芝加哥。在他們又把第二版稿子扔掉後，麥克來電說，「丹尼斯，你是很棒的作者。別難過——我們知道我們要的是什麼。爲了讓你更容易達成目標，我們只希望你做個小改變。」

丹尼斯回答，「沒問題，你們想怎麼做？」

「把你的博士文憑收起來——完成這項工作並不需要高深學位。我們希望你寫這本書時就像在寫信給朋友一樣。」

丹尼斯重新振作，遵循麥克的建議，再次翻修文字，努力想捕捉主題帶來的感受。希爾在部分手稿中只附上三則訪談作爲參考資料，但丹尼斯決定讓這本書盡可能蒐羅更多資料。

終於，丹尼斯來到了約翰・強森的辦公室。約翰是美國公認最成功的非裔美人企業家。他注意到的第一件事，就是約翰的書桌上放著一本《思考致富》。約翰看著丹尼斯問道，

「年輕人，你爲什麼不富有？你既有優秀的學位又年輕力壯。假如我擁有你手上的資源，我的成就簡直無法預期。」他拍拍《思考致富》的封面，接著說，「成功的關鍵就在這裡，你只需要將它運用在你的生活中。」

丹尼斯暫停片刻，試圖不去思考家人的困境。那是段極其艱辛的時期，他們的現金流時常出問題——包括曾經斷水斷電；丹尼斯有幾次靠在妻子的肩上哭泣。儘管一家人艱苦萬分，他還是下定決心完成希爾的計畫，好讓六年來的研究與寫作不會徒勞無功。

成功必須先用盡全力付出代價

一九八九年，爲了完成任務，丹尼斯來到美國南部多間金融企業的創辦人亞瑟·喬治·加斯頓（Arthur George Gaston）的辦公室。他開車載著妻子與三位女兒，從亞特蘭大一路開到阿拉巴馬州的伯明罕，就爲了與亞瑟見上一面。

丹尼斯與亞瑟一同度過整個下午，接著回到這位生意人的辦公室進行更有條理的採訪。經過四十五分鐘，談話談到一半，來自這項計畫與試圖養家活口的壓力累積到了臨界點——就在他人生中最重要的會談上——丹尼斯開始啜泣。亞瑟從櫥櫃裡抽出一張面紙遞給主訪人，好奇地問，「怎麼了？」

「亞瑟博士，你不知道我這段時間的遭遇，朋友與鄰居都問我為什麼不去找工作。我正忙著寫這本書，但我甚至不知道有沒有人會買。大家都說我瘋了。」在丹尼斯宣洩情緒時，亞瑟靠在椅子上既專注又沉著地傾聽。這位三十九歲男子繼續大吐苦水，亞瑟則點了根火柴、點起菸斗並深吸幾口。丹尼斯羞愧地坐著，一縷縷煙霧逐漸在辦公室裡瀰漫。

「等你度過了再跟我說。」亞瑟用尖銳的語氣說。

「亞瑟博士，『等我度過了再跟你說』是什麼意思？」丹尼斯結巴地說。

「你正處於艱苦的時刻。所以呢？這就是成功的過程。成就需要時間，有能力的人必須經過逆境的淬煉。不要恐懼，繼續前進。但假如你對於人生目前的狀態感到滿足、自在，那就把路讓給不滿現狀的人。」

亞瑟的直言不諱，徹底扭轉了丹尼斯的處境。他回到亞特蘭大，再次點燃內心深處的決心，最終完成《思考致富：黑人的抉擇》（*Think and Grow Rich: A Black Choice*）的手稿，交到基金會手上。

隔年，丹尼斯飛往芝加哥參加基金會舉辦的董事會。走進會場時，他發現坐在會議桌前的每個人手裡都有一本自己寫的書。

威廉站起身向他走來，問道，「年輕人，你對於成功與成就學到了什麼？」

丹尼斯回答，「你必須先用盡全力付出代價。」

威廉笑道，「你確實學到精髓了。」

非凡的成就者找的不是藉口，而是選擇

一九九一年，由丹尼斯．金布羅與拿破崙．希爾共筆的《思考致富：黑人的抉擇》正式上市，立刻成爲全球暢銷書。六年後，丹尼斯出版了第二本書《偉大之所以偉大》。自此之後，他已經爲幾間全球最大的公司提供過諮詢服務，包括蘋果、迪士尼與耐吉，並以商學院教授的身分與年輕世代分享見解。二〇〇五年，全國黑人MBA協會認定他爲美國最頂尖的教授，並授予他奈勒．費卓獎（H. Naylor Fitzhugh Award）。丹尼斯的第五本書《財富的選擇：黑人百萬富翁的成功祕訣》（*The Wealth Choice: Success Secrets of Black Millionaires*）於二〇一三年出版，書中匯集了七年來針對一千名最富有非裔美人的研究成果。如今，他已經是全球公認在領導力與成功領域的一流權威。

丹尼斯認爲，「財富、繁榮與富饒跟你的種族、性別、出生地、父母或教育程度無關，卻與你的渴望、信念與正確的心理態度息息相關。所有非凡的成就者找的不是藉口，而是選擇。」

丹尼斯．金布羅博士跟妻子與三名女兒仍然住在亞特蘭大。比過去更加熱情的他，繼續履行幫助他人發掘內在成就種子的使命，對非裔美人的助益更是不在話下。

你眞正想要的是什麼？

——普克特加拉赫學院共同創辦人珊迪．加拉赫

二〇〇六年八月十八日，一千多個渴求的心靈聚集在華盛頓州溫哥華市的一家飯店，與全球頂尖的個人發展與銷售專家包伯．普克特進行會議。身爲企業律師的珊迪．加拉赫（Sandy Gallagher）也在人群裡頭。

從有記憶以來，珊迪就知道自己的目標：她要跟隨父親的腳步進入投資法領域。她在高中與大學時期勤奮向學，努力投入企業界的工作。

順遂的律師人生

一九九五年，在著名的華爾街法律事務所工作七年後，她準備搬回華盛頓與父親一起打拚。父女兩人合力爲一間公司創立新部門，藉此拓展該企業在美國西北岸地區本就相當穩健

的版圖。業務蒸蒸日上，他們建立了令人印象深刻的客戶投資組合，包括各大銀行機構。與這些客戶緊密合作，讓珊迪對公司的營運與面臨的挑戰產生深刻洞見。

在踏上這條路的幾年後，正值事業蓬勃發展時期，珊迪的父親接受提議，出任一家大型投資銀行的執行長，珊迪欣然擔任對方企業融資夥伴的角色。生活是如此美好——她覺得很幸福，在經濟方面無後顧之憂，並已然勾勒出安穩的未來，但是好像還少了點什麼。

你真正想要的是什麼？

到了二〇〇六年八月，有位朋友哄著珊迪一同參加溫哥華的企業管理與領導研討會。會場內有一百多張坐滿十人的桌子，而包伯．普克特悠然現身，用善於洞悉的目光與特殊的嗓音發表演說，就好像跟每個人面對面講話一樣，這是他超過四十年來不斷琢磨精進的技能。

包伯慫恿著群眾：「你想要什麼？你**真正**想要的是什麼!?你真的對自己的工作滿意嗎？你想要以這種方式度過餘生嗎？」

珊迪立刻受到吸引，感覺到大腦開始奔騰。她回想，「才過了十分鐘，我覺得他就像把我的頭摘下來搖個不停一樣。我的一生難道都是在追隨別人的夢想嗎？」

包伯繼續說：「到了人生的終點，你是否要回過頭問，『我有什麼成就？』」

珊迪被擊潰了。在問自己這些問題時，她挖掘出自己對於人生深深埋下的限制。到此時爲止，她的心態幫助自己實現了從有記憶以來便一直期望的生活——這似乎就是她的天命。但這位從未耳聞過的講者卻斷言，假如她睜開眼睛接受一切可能，還會有更豐富的人生等著她。

珊迪在現場用研討會發送的筆記本，寫下三件想達成的事：首先，打入包伯公司的核心集團；第二，成爲包伯最親近的顧問；第三，與包伯共同打造一套訓練課程，推廣給自己熟悉的大型企業。她花了將近二十年與全美各地的高級主管共事，並認爲將人類動態論❶納入考量、經過仔細計畫的課程，將改變這些公司的從業方式。

隔天，珊迪盯著筆記本上的筆跡。熟悉的自我懷疑情緒開始浮現，並懇求她留在舒適區：**妳以為妳是誰？妳不過是個律師**。

然而，內心深處的某些事物已經改變。接下來的十一個月，珊迪盡可能完成更多包伯的課程指導學程，想藉此洞悉他爲人讚揚的方法。二〇〇七年六月，在佛羅里達州的德拉海灘進行季度顧問培訓的某一天，包伯邀珊迪共進午餐。她幾乎從未意識到，這位個人發展大師一直默默觀察著眼前這位律師。

午餐時間，珊迪向他展示一套能爲企業界帶來價值的綜合課程、說明課程實施方式的漸進式指南，以及將包伯的企業加以轉型的其他概念。包伯詢問珊迪是否願意加入他耗費生涯心血所建立的公司，正式成為事業夥伴。

這正是珊迪拚了命想跨出的一步，但她卻掙扎著是否該轉換生涯跑道。到目前為止，她的人生都繞著仔細估算、規畫、風險評估與理性行動打轉。她仍然是法律事業的負責人，也早已清楚勾勒出未來的道路。包伯再次詢問她對此提議的想法。

「不知道我父親會怎麼想。」她脫口而出。

「妳都幾歲了？」包伯問，「還在考慮妳父親會怎麼想？」

珊迪成功實現了童年的夢想，而這份夢想源自於對父親與其職業的欽佩與敬重。然而如此年幼就與父親分享相同夢想的珊迪，卻從未質疑自己是否眞的想要一輩子從事這一行。她從來沒想過，這個夢想不一定是她內心眞正的渴望。

回到西雅圖，珊迪發電子郵件告訴朋友與家人自己轉行了。數百位收件人紛紛回信預祝她的嶄新生涯中一切順利，但有三封來自德高望重的律師回信特別引她注目，且論調相似。信的意思大概是，「我希望自己也能做出相同決定，但我只能坐在這張辦公桌前一直到死為止。」這些在各種定義上都堪稱成就斐然的人，儘管擁有極高的收入、教育程度與物質享

❶human dynamic，研究不同個體的內在差異，了解為什麼某個人會如此思考、計畫、學習體驗情緒、與他人互動與理解他人、參與活動的方式，簡言之就是分析不同個體的思路。

受，卻仍然感到在工作上身陷困境。

這是她在職業生涯中不斷觀察到的普遍現象，起初是發生在剛剛畢業、生活只局限在辦公室的助理身上，接著是感覺自己過去二十年來都在做同樣的事，因此只能永遠被束縛於此的律師們。「他們不明白自己隨時都能做任何想做的事。」珊迪感嘆地說。

真心相信目標能實現

從那天起，她便開始與包伯合作。二〇〇九年一月，他們創辦普克特加拉赫學院（Proctor Gallagher Institute），並由珊迪擔任執行長。這項事業只有一個目標：將他們其中一套改變人生的課程推廣到美國每個家庭。

公司成立不久，珊迪問包伯，「您能幫助我像您一樣教導後進嗎？」包伯要她同樣運用自我肯定的做法，就像富裕的工業家卡內基當初教導拿破崙・希爾這位年輕記者的方法一樣，只不過時態**從未來式改成過去式**。珊迪點點頭，接著閉上眼睛喃喃自語：「包伯・普克特，我不但**擁有了**與你媲美的人生成就，更**挑戰了**與你相同的位置，並且在講台上**超越了**你。」

包伯提醒她，她必須**真心相信**這件事，否則只會淪爲荒誕的空談。

她又重複了一次，聲音更加宏亮、決心更加堅定。

「包伯．普克特，我不但擁有了與你媲美的人生成就，更挑戰了與你相同的崗位，並且在講台上超越了你。」

如今，珊迪．加拉赫與她的導師在世界各地座無虛席的會議上共享舞台。他們的公司普克特加拉赫學院擁有超過八百位經過認證的顧問，課程也翻譯成多國語言，並盡可能爲更多人舉辦改變人生的活動——參與者包括剛踏上心靈成長旅程的新手、具有雄心壯志的企業家，以及最高階的主管。

過去身爲企業法律顧問的珊迪從未感到如此幸福。她說，「無論你愛的是什麼，都會成爲你的燃料；無論你是誰，都不需要畫地自限。」

重獲新生的珊迪，總會問人們這個徹底改變自己人生的問題：「你想要什麼——你**真正**想要的是什麼!?」

破億驗證・成功法則 ⑬

第六感

通往智慧殿堂的大門

所有人都是因為自身擁有主導性的思想與渴望，

而成為自己。

——拿破崙・希爾

破億驗證・成功法則⑬

第六感

所謂的第六感，是指「無窮智慧」（Infinite Intelligence）在不受個人意識左右的情況下，自動且順暢地產生交流，以直覺或靈感的形態分別透過五感接收。只有當我們掌握先前的法則時，才能發揮第六感真正的潛力。

第六感是成功學的頂點，也是生命各個層面維持長遠幸福的關鍵。然而，多數人並無法領會這項法則的力量，而是要等到邁入四十或五十歲，透過大量的自我檢討、經歷與反思之後才得以裡解。

在本書及原版《思考致富》中所收錄的故事，顯示能夠將本能知識轉換成巨大優勢之人，將踏上多麼卓越的旅程。羅伯．戴德克將第六感描述成他「人生劇本的節奏」；葛蘭特．卡爾登了然於心的自信，使他能為幾乎世界上所有人帶來正面的影響力；而珊迪．加拉赫無可動搖的信念，讓她就像希爾超越卡內基一般，青出於藍更勝於藍。

第六感能及時預測危險，讓我們安然避開，也能及時覓得良機，讓我們加以把握。身處危急險境之人，往往發現自己及時採取了能救回一命的行為，而通常是源於某種難以言喻的衝動。莫里斯．貝利（Maurice Bailey）與瑪拉琳．貝利（Maralyn Bailey）就是個極端的例子，這對英國夫婦乘著救生艇在太平洋上生存了一百一十七天。貝利夫婦在尚且留情的風浪中漂浮，利用安全別針扭成的鉤子抓魚，體會到吃下魚眼睛的迫切需求——這是他們在日常生活中絕不會享用的料理，但魚眼中含有淡水（編注：指眼球的眼前房與眼後房內的無色透明、稀薄似水的液體，又稱房水）與必須營養素：這份迫切需求使他們得以補充水分，並攝取維持生命的必要維生素。

無論你用何種術語描述，第六感是極度的超自然力量，可以將個人目標跟宇宙接軌，把面前迎來的一切遭遇立即引導至有益的用途上——感覺就像所有事物的發生都其來有自。這項法則並無法實踐或否定，然而，未曾親身體會過這種力量、與曾經受益於此之人談話，或親自研究過這門哲學的人，可能會因為懷疑或質疑此觀點而蒙受阻礙。他們注定得繼續對生命帶來的遭遇照單全收，而不是迎接自己想要的事物。

我們只能創造出所謂的思想衝動。藉由貫徹希爾先前的法則，便能輕輕喚起第六感，讓它成為一條帶來靈感的高速公路，讓你有意識地採取各種形式的行動，例如新創事業、建立期望的人際關係，或是發明開創性的商品或服務。將人生歷久不衰的繁盛歸功於希爾研究成果的人，很容易就能證實第六感的力量。

《思考致富》自一九三七年出版以來，無數人的人生因此而改變，正是透過持續而單純地實踐這些法則，帶領我們走上掌握自己並迎來長遠成功的最終道路。

靠雙手賺錢，靠腦袋賺大錢

——拿破崙．希爾基金會執行董事唐納．葛林

⋮

「可以給我六塊錢買童子軍制服嗎？」八歲大的唐納．葛林（Don Green）這麼問。

「我們不能浪費爸爸賺的錢，因爲我們不知道他什麼時候會在礦坑裡受傷。」母親回答。

唐納點點頭。如果他想要錢，就得自己賺。

從小就積極尋找賺錢門路

唐納的父母從小在維吉尼亞州的懷斯長大，也是受到大蕭條影響的一代——他們認爲當機會逐漸消失，堅定的工作道德就是最珍貴的資產。從唐納與兄弟們學會走路的那刻起，父母就教導他們努力工作的價值，並讓他們從事各種稀奇古怪的工作，包括田裡的勞動與看管

鄰居的房子。只要他們抱怨，家中就會傳來母親的罵聲，「沒有人是工作累死的！」

唐納的父親在煤礦坑裡工作，每小時能賺七十五美分。礦層大概只有九十公分高，所以工人鑿礦時都會坐椅子或駝著背。他長期忍受辛苦的工作與有害的環境，因爲這是穩定的收入，可以讓一家人維持溫飽。爲了貼補父親的收入，葛林一家也會到當地市場販賣藥草。雖然到森林裡挖人參可以賺不少錢，但是並不穩定。

唐納樂於與父親一起打拚，幫助家裡的經濟。他會拿起工具、挖起藥草、洗去塵土、曬乾藥草，再運到當地市場換取報酬。他現在仍會提起，將獨腳蓮賣到三美元是他當時賺過最大的一筆，還說：「辛苦工作賺來的錢，你在花掉之前會考慮再三。」

與拿破崙．希爾同鄉

工作、賣錢與儲蓄，成爲讓唐納感到快樂的習慣。上了高中以後，他也會搜尋有創意的點子來賺錢。他開始閱讀書籍，深深著迷於林肯、傑佛遜與華盛頓的故事。隨後他也發現拿破崙．希爾這位同樣來自懷斯的作家，深受這位故鄉名人所吸引，盡可能閱讀更多他的著作，接著轉往希爾本人也深受啓發的源頭——愛默生（Ralph Waldo Emerson）、埃伯特．哈伯德（Elbert Hubbard）與山繆．史邁爾斯（Samuel Smiles）。這段文字令他醍醐灌頂：**靠**

雙手賺錢，靠腦袋賺大錢。

唐納看見父親每天不停奮鬥，透過書籍了解到，若畢生鑽研教育與商業技巧，將能開創未來的自由人生，他告訴自己，「若眞是如此，就由我開始。」

唐納利用教室當作規畫高收益事業的創意工作室。某一年，在爲期兩週的聖誕連假中，所有同學都與家人待在家裡，但當年十五歲的他卻策畫出當季的聖誕樹事業——他能砍多少棵樹、可以賣做哪些用途，以及在哪裡最好賣。他依循計畫砍樹，在車水馬龍的路邊販售，賺了將近一百美元——以兩週假期而言算是筆可觀收入。

四十一歲成為銀行行長

唐納後來上了大學，以商業與會計學士學位畢業。在尋找白領工作機會時，他向表親們宣示自己總有一天會成爲銀行行長。爲了達成目標，他開始專注投入，比過去更加認眞閱讀與研究。

唐納向一間金融公司申請工作，租了一套西裝並向叔叔借車前往面試。他錄取了，但也明白每天都必須努力證明自己對得起這個新身分。他一週工作六十小時，在同儕間贏得「大咖」的綽號，並持續尋找更上一層樓的機會。唐納也報名公司提供的每個訓練與教育課程。

他每兩週的薪水是一百一十美元，等於時薪還不到一美元。

幾年後，唐納申請錄取羅格斯大學的史東尼爾銀行研究所，同時在一家當地銀行取得收帳部門的新工作。羅格斯大學的學業要求他完成一篇論文，他選的題目是「社區銀行信貸部門的組織與實施」。唐納勤奮地工作與研究，利用在金融公司的工作經驗與目前職位學來的銀行知識，以優異的成績畢業。

八年後，社區銀行收到一筆高額的出售要約，唐納決定是時候繼續前進了。仍然堅定進軍金融業高層的他，申請並錄取了另一家銀行的行長職位。唐納．葛林終於在四十一歲實現了目標。

然而，新的銀行與該州許多銀行同樣陷入了財務危機，唐納肩負著扭轉公司命運的艱鉅任務。由於情勢嚴峻，他得以對當時幾乎一文不值，但若達成任務便能大幅上漲的股票選擇權展開協商。他的首要任務是幫員工加薪。董事們都懷疑他是不是瘋了，但他堅持且堅定地回答，「我們一定會賺錢。」

憑著對銀行體系與消費者貸款的深入知識，唐納親自與具有三十年貸款的銀行客戶見面，表明假如他們將還款年限減少一半，可以省下多少利息錢。客戶大多表示同意。不僅銀行的收款金流開始改善，唐納也使銀行與客戶的關係更加穩固。

當時，銀行一般會對尚未償還抵押貸款利息的人取消抵押贖回權。但是唐納推斷一旦取消贖回權，與客戶之間維持的任何關係都會消失。他想實施適當的機制，確保銀行未來還能與客戶進行交易。

他以身作則，向每位客戶表現出自己很在乎他們，也了解他們的艱難處境，更重申若非萬不得已，絕不會奪走他們的汽車或房子。他接著表示願意在客戶最方便的地方會面，以便收取他們逾期的款項。透過雙管齊下的方式調配銀行資源，來達到更好的收款績效，再加上對客戶的眞誠關懷，唐納爲雙方創造出雙贏的局面。在唐納二十年職業生涯的管理之下，該銀行從未取消任何一棟房屋的贖回權。

從薪水之外獲得額外收入

唐納也在銀行界之外的領域著手其他計畫。從年輕時讀過這項概念以來，他就夢想從薪水以外獲得更多收入，所以隨時關注任何有可能的機會。基於在白領階層打滾的諸多經歷，唐納擁有大量西裝，衣櫥裡就有超過三十套，必須定期送洗，但鎮上現有的乾洗店水準參差不齊。某天，他在雜誌上看見自助式乾洗工具組的廣告，便以三九．九九美元的價格訂購。工具組送來之後，他鑽研每個步驟，以確定爲何看似簡單的工作時常會搞砸。

他詢問一些朋友，「如果我開一間乾洗店，你會光顧嗎？」朋友一致贊同。唐納訂下計畫，在位於銀行附近的一塊地上開設乾洗店。

乾洗店開張時的價格比競爭對手還高，但是唐納不想打廣告，寧願透過口耳相傳來帶動生意，他堅持自家所提供的服務品質無人能比。這間新店引進了當日取件服務——與標準的當週取件服務相比截然不同——在當地前所未見。大家會在上班途中將衣物留下，接著在當天的回家路上取件。唐納的店還提供得來速服務，讓大家在不下車的情況下完成送洗與取件。店裡生意從開店第一天就蒸蒸日上，這固然讓唐納十分高興，但可以用他喜歡的方式來清潔自己的西裝，才是讓他笑得最開懷的事。

聰明投資，賺取被動收入

他的另一個目標是買下十間公司的一百張股票。在發放股息之後，他會自動把錢再投資進去。當他的戶頭具有足夠的額外資金時，他也會買下更多股份。不久後，他已經擁有十間不同公司的一千張股票。隨著投資組合的成長，他不但能獲得股息，股票價值也不斷提升。

他還投入了大量資金，協助員工持續成長。他依據希爾書中列出的法則，在銀行開設名爲「成功祕訣」的工作坊，親自授課。這門課程最重要的部分並不在於記下以後可能帶來的回饋，而是要實際理解這些法則，並應用於現實世界中。

幾年後，零售集團沃爾瑪（Walmart）正在尋找開設新店面的地盤，唐納耳聞可能就是乾洗店所在的土地。果然，沃爾瑪的經紀人前來詢問他是否有意願出售這塊地產。他的答案是，「兩百萬美元。」

「這塊地才沒這麼值錢！」經紀人回答。

「我們正在賺錢，你想看看我的帳簿嗎？兩百萬美元，一分錢都不能少。」

三天後，他們帶著出納員的支票回到店裡，甚至也沒要求看帳簿。唐納將乾洗設備賣給了一位想開店的朋友，從此離開清潔業。幾年後，六十歲的唐納離開銀行並賣掉他的股票——當初為了扭轉銀行困境所付出的辛勤努力得到豐厚的回報。

讓拿破崙・希爾基金會移回希爾的故鄉

不過唐納還沒準備退休，仍然懷有強烈的衝勁。他寫信到總部位於芝加哥的拿破崙・希爾基金會，告訴他們自己在銀行開設的教育課程。基金會也傳來回應，邀請他到芝加哥與董事會見面。不久，他們詢問他是否有興趣經營基金會。唐納同意了，但條件是要把基金會總部移回唐納的居住地、也就是希爾的出生地懷斯。

今天，唐納・葛林已經在拿破崙・希爾基金會擔任了十七年的執行董事。在他的帶領下，這個以「讓世界成爲更美好的居住地」爲座右銘的基金會，在全球擁有超過三百家出版商，資助了數百筆大學獎學金。儘管有諸多榮譽加身，唐納還是把與妻子長達五十四年的婚姻視爲自己最珍愛的成就。

唐納也將心靈成長素材大力推廣至全球每個角落——從學校到監獄以及介於兩者之間的不同族群都因此受惠。他希望在正確的指引與教育之下，生活中各行各業的人都能實現自己的無窮潛力。

結語
創造富足人生所需要的一切，早已掌握在你手中

創造富足人生所需要的一切，早已掌握在你手中。在此關頭，希望你對於想要實現的目標抱有熱切的渴望，並且已經擬定達成願望的詳細計畫。假如還沒有，就趕緊在靈感屈服於安逸與熟悉的環境前立刻展開行動。依循本書（以及一九三七年版《思考致富》）所列出的成功法則前進，你所需要的其他助力，都將在旅程中自然浮現。

當你改變想法時，就改變了你所生活的世界。爲了獲得長遠成功並掌握自己，你不但必須逐條研究這些法則，直到眞正融會貫通，也要在日常實踐時，將最終目標牢記在心。運用充滿情感的反覆思考、提筆寫下明確的目標，並且每天以熱忱的心態大聲複誦。透過這些行動，潛意識將持續找尋你在旅途中所需要的一切、消除干擾，並隨著時間逐漸將單純的想法轉化爲巨大的成果。

爲了取得成功，你必須抱持實現目標的信心、在逆境襲來時堅持不懈，並且讓自己置身於能協助實現目標的人群之中；主動根除不良陋習，以積極而富有成效的行爲取而代之。當

你在路途中遭遇顛簸，就重新調整計畫並再次前進；如果前途看似太過艱鉅，便提醒自己，不願爲了成功付出代價之人，就必須把夢想讓給願意克服萬難之人。

本書的故事提醒我們，無論眼前的處境多麼悲慘，所有人都蘊藏著巨大潛力，只是等待著我們將其點燃。別忘了，**只有努力追尋夢想，你的夢想才會實現**。請持續且雀躍地運用這套八十年來讓無數人獲得卓越成就的成功哲學。

爲了自己，也爲了身邊的所有人，讓你的人生充滿目標與成就感。這是你的使命，也是《思考致富》的遺澤。

Eurasian Publishing Group
圓神出版事業機構
用心與你對話・視野無限寬廣
方智出版社
Fine Press

www.booklife.com.tw　　reader@mail.eurasian.com.tw

自信人生 167

思考致富・最新實證版：史上最暢銷勵志書

作　　者／詹姆士・惠特克（James Whittaker）、
　　　　　拿破崙・希爾基金會（The Napoleon Hill Foundation）
譯　　者／鄧捷文
發 行 人／簡志忠
出 版 者／方智出版社股份有限公司
地　　址／臺北市南京東路四段50號6樓之1
電　　話／（02）2579-6600・2579-8800・2570-3939
傳　　真／（02）2579-0338・2577-3220・2570-3636
總 編 輯／陳秋月
副總編輯／賴良珠
主　　編／黃淑雲
責任編輯／溫芳蘭
校　　對／陳孟君・溫芳蘭
美術編輯／林韋伶
行銷企畫／詹怡慧・楊千萱
印務統籌／劉鳳剛・高榮祥
監　　印／高榮祥
排　　版／杜易蓉
經 銷 商／叩應股份有限公司
郵撥帳號／18707239
法律顧問／圓神出版事業機構法律顧問　蕭雄淋律師
印　　刷／祥峰印刷廠

2020年11月　初版
2023年6月　4刷

THINK AND GROW RICH
THE LEGACY

定價310元　　ISBN 978-986-175-569-4　　

夢想不會自己水到渠成，也不能一直放在心中賞味，而是要經過計畫才能實現。

——《你的夢想就是最棒的存錢筒》

國家圖書館出版品預行編目資料

思考致富・最新實證版：史上最暢銷勵志書／詹姆士・惠特克（James Whittaker），拿破崙・希爾基金會（The Napoleon Hill Foundation）著；鄧捷文 譯 .-- 初版 .-- 臺北市：方智，2020.11
272面；14.8×20.8公分 --（自信人生；167）
譯自：Think and grow rich the legacy : how the world's leading entrepreneurs, thought leaders, & cultural icons achieve success
ISBN 978-986-175-569-4（平裝）

1. 成功法　2. 自我實現

177.2　　109014500